笹島寿美

帯・着物を愛でる母と呼ばれて

——日本人のためのきもの精神文化

文化科学高等研究院出版局

知の新書
J05

笹島寿美の
きもの詩

◉好きだからつづけ歩みしきもの道　帯の結びの思いのままに

◉奥の手は左にありと伝え聞く　帯結ぶ手の見え隠れして

◉長年をきものと生きて分かること　日本のきもの世界で一番

◉着て完成ぬいで平めん未完成　きものは日々の我の息吹ぞ

◉衣は人といいて伝える着付け技　言葉にならぬ指の加減を

◉例えれば帯は地に立つ木のごとく　風雨に耐える根を守りつつ

◉例えればきものは四季の花となる　心のままに色を変えつつ

◉晒し巻く背筋ただして気合い入る　今日一日の我を装う

目次

写真：東海林美紀、
編集部

はじめに　編集部より

笹島寿美の着付けの文化技術と心象幻画

笹島寿美氏は、松竹衣装で着付けをされてきた。日本芸能の集積であり、当時は現在とは比べ物にならない頂点がそこにあった。歌舞伎や日本舞踊に携わり、着付けを自らの使命と覚悟してから、あらゆる帯結びを実際に見て習い、頭ではなく身体でつかみ取っていった理論と技術《わざ》である。笹島寿美氏は、骨格を基礎に身体へ着物をどのように配置していくか、帯によって身を絞め、身体と精神を非分離に治める技術を実践的に体系化してきた。「着る」技術が着物にはある。着方によって、ただの布から魂を受け止めるまでの〈もの〉」になる。日本の設計哲学がそこにある。箸が美しいのではなく箸を使うのが美しい、障子が美しいのではなく障子を使う暮しが美しい。私たちは、そういった文化を面倒なもの、不自由なものとして離れて久しい。

着物を着なくなった日本だが、その技術の本質を笹島寿美氏は40年以上かけて掘り起こし、「骨格着付け」としてその核を見いだした。

帯と着物を合わせる着物がいつの間にか生活から離れていき、近い将来、着物を着るという当たり前にあった世界がなくなる、すなわち文化が消滅することを感じたのをきっかけに、氏は着付けとは着物とは何であるかの追求を始められた。仕事ではなく生きてあることとして。

着物の要は帯にある。帯を締めることで心身一体となり、気が入り、姿勢が規制され完成する。それを解くことで、また自分に還る。「**帯は己。着物には着る快楽と解く快楽がある。**」と氏は言う。その着物と帯の合わせには、妙味がある。色、柄の取り合わせだけでなく、その人らしさや季節、着ていく場所によって、微妙な加減で粋にも野暮にもなる。帯と着物を選び、合わせることについて聞いた。

「**自分には明快な考え方がある。人の気持ちは移ろう。恋をしているときの色はちがうでしょう、その時に選ぶ色は、そのときの気持ちを表している。ゼロラインを引いたら、上にも下にも波打つのが人の気持ちであり、色に表れる。**」

これは、着物にあたる、ぱっと目につき、着たいと思う色がある。その日、そのときの色は、すなわち気持ちを表す。

「**一方、ゼロの位置でずっと変わらないのは精神。これが帯。己の魂は変わるものではなく、ぐっと内に込める。**」

帯は己の分身ですらある。自らが発するものを体現したものだ。着物が花であれば、帯は根であり木である。個を表すもので、変わるものではない。さらに、氏は、着物は神であり、帯に仏を見る。

「だから、その日の気持ちに素直に向き合うこと。そこで感じた色がその日の色であって、自分の気持ちが客観的に浮かび上がるもの。それを知ることが出来るのが着物であり、また着ることで自分も気を纏うことになる。そこに、己の性分を重ね、心身を絞めるのが帯である。」

着物は自己を映すものであり、また同時に己を形作るものとなる。そのような、仕組みとなって設計されている。ここには、無心である方が良い。無心から自らを知る。それが着物の奥深さだ。

「その日に会った瞬間、その人の気持ちがすぐわかる。なんで今日はこれなのか、きれいだからというのは自分と向かい合っていない。自分と無心に向かい浮かぶものを選ぶ。その意味と向かい合えばいい。かえって急いで何も考えずに選んだ方が、自然とその日の自分が現れて、良かったりするもの。」

着物には帯上げ、帯留めなどの小物がある。最後にこれらで決める。無心に選んだものを、今度は論理的にバランスをとることで、完成する。

「普通は帯上げを黒で絞めるとしたら、明るい日差しや気持ちに合わせ淡い色や黄色を選んでも構わない。今日、自分は明るい色を選んでいるでしょう、きっと私が優しくなったからだと思う。」

つまり、着物とは、着るものであると同時に、自分を表し、心の内面を表象するものであるという理解に氏は達している。色を合わせる、柄を合わせるという単純な視覚論的な構成に着物は留まるものではない。移ろう気、己という性分がぶつかる、その時、その一日をつくり出し、また非自己の感覚から自己認識をすることで自らをつくる述語的な世界があり、着物とはそのような心身とのまた自然との非分離の文化体系にある「着る〈もの〉」の自己技術なのだ。

笹島氏は、人を見つめ、女を見つめ、我が身をもって帯・着物を極め八〇年をこえ生きてきた。その心象を心のままに描いた幻への「眼差し」とその感動の画・線・文字の活写表出を「心象幻画」と名付け、その軌跡と解脱の世界をガイド資料的に選択してこの新書におさめた（その全貌八〇〇点は『笹島寿美 心象幻画集　帯・着物からみた女の姿情と曲線』の大型カラーB5版として同時刊行）。実物ははるかに大きいのだが、心象界の特徴《キャラクター》を示すべく網羅した（一七九頁画や二一八頁般若は1m四方に近い）。カラーB5上製本の方を観ていただければその美しさは実物近く感じとられると思う。「帯・着物を愛でる母」とは編集部でつけさせていただいた。氏を母と慕う人は多い。

本格的な真正の着物・帯への道は、笹島式から開かれる。日本の文化資本／文化技術は、その真正の「もの・わざ」から浮かびあがる。そこにemotional capitalのemotional intelligenceがintellectual capitalとして働いている。着物・帯は日本の最も高尚で深淵な文化資本である。

◆着る人の心次第で様かわる
優しくあれば美しきかな

日本人のためのきもの文化

——永遠の贈り物——

「永遠の贈り物」

「私が九〇を過ぎてもこんなに元気でいられるのは毎日、着物を着るために使う腰紐のおかげ」「転ばないのは足袋をはいているおかげ」と、それが一年を着物で過ごし通した母の口癖だったのです。二〇〇四年の初夏、母は最後まで記憶を失うことなく九二才で逝きました。母の茶毘に付した骨姿は、体が細かったせいもあり、かろうじてその姿をとどめていました。私の目の前にまだ熱風を残して運ばれて来た時、私の体の中に異変が起きたのです。あろうことか、私は母のまだ熱い骨を食べてしまいたいと思ったのです。その思いは強烈でした。何よりも、そのように思ってしまった自分自身に驚くばかりで、その場は必死に耐えました。

そして、斎場で儀式は滞りなく無事に終了し、ビルの外に出た時のことです。不思議なことに私の口の中で歯の欠けたような、砂を噛んだような音がしたのです。私は慌てて口の中に指を入れました。もちろん何もありませんでした。すると今度は帰り

◆帯切るは命ちぢむと祖母のいう
　帯には宿る霊産《むすび》の話し

のバス席に着こうとした時、再び奥歯で砂を噛む思いが。しかし、何もありませんでした。それは、私の願いを母がかなえてくれた幻覚現象だったのです。

以後、私は母の骨姿を日夜思い続けました。骨、骸骨、本来であれば忌み嫌うものの代表であり、目を逸すものでした。当時の私は、それまで長く続けている着付け研究に決め手となる最後の答えを追い求めていましたのでそのことと荼毘の日のことだけが脳裏に浮かび、しばらく消え去ることはありませんでした。

そして一ヵ月が過ぎた頃でした。七月も中旬の早朝、東京はお盆です。私の魂は叫びました。「骨だ〜」「骨格!」「着物は骨格なり!」と。

またも私は母の骨を食べたいと思った時と同様に、今度は裸足で家を飛び出したい衝動にかられました。

朝のお茶を飲みながら、徐々に落ち着く自分を意識的に支えていましたが、するとどうでしょうか、今度は長年蓄積されていた沢山の疑問は音をたてて解決しはじめたのです。それは弾けて散らばっていた玉が操られるように一本の糸に集まり行儀よく並びます。そして輪となりました。

◆母が着しきものの色はそのままに
　吾れ着てみれば母によく似て

玉とは、それまでに答えられる内容は揃ってはいるものの、それを決めてとした解説の理由と原因、言葉が見当たらずにいたのです。それが吹き出しはじめたのです。私は大胆にも「骨格着付け」と命名しましたので、改めて一つ一つの確認をはじめました。骨格をもとに技術を照らし合わせながら進めると、着物の形に納得し、織りの組織や特徴まで理解できてきたのです。それは、日を追うごとに納得がいき、それまで以上に理解することができました。同時に日本人の叡智に深く感動し、着物に秘められている力の凄さを確実に受け止めたのです。

それは、世界に類のない着物と帯こそが、日本が誇りとするものであり、そして日本人であるための文化であると。

私がこの和装道を選んだ時、最初に魅せられたのは、長い帯でした。なんの仕掛けもない平べったい約八寸（3・88㎝×8㎝）幅長さ一丈二尺五寸（約4m65㎝）の帯は、結び方によって様々な表情を見せます。解いては結び、結んでは解く。そこには、一瞬にして物語は生まれ、一瞬にして物語は消える。その面白さが、着物が伝える日本文

◆見えぬ背に骨格たよりに結ぶ帯
その人柄の美しさあり

化と、その歴史や由縁への興味を強くしました。そして衣は人の分身であり、生き物であると。

人は自分の背中は自分では見えません。したがって着物を着て前の衿合わせや裾を合わせるところまでは、鏡の中の自分と向かい合い、脳に問いかけながら、そして、あれこれ角度を決めながらまとめることができます。しかし帯を巻く段階になると、着物の時とは違う心構えになります。つまり着物が気持ちであれば、帯は魂と言えましょう。なぜなら、見えない背中に思いを集中し、帯の幅と長さと、そして背中という骨格、特に、腰と肩甲骨を頼りに帯の形をつくりあげ、後ろ姿を完成させるのですから、精神の集中以外の何物でもないのです。脳は結び上がりのイメージを具現化するために、両手に、そして全ての指に指令を送り続けているので。脳と手、指の連携が芳しくない時は、まだ行うべきことが十分に把握できていないことであり、集中力が足りないことから脳が足踏み状態ということになります。

結び上がった形は、心象の一種のドラマを物語っているように見えてきます。

◆着上がりて合わせ鏡で姿見る
　後ろの顔は帯にあらわれ

ところで、現代の着付け界には、独立した言葉として「自装」と「他装」があります。前者は自分で装いを完成し、後者は着付けしていただいて完成する。その二つに分かれています。人が着物を着る順序や守るべきポイントは、骨格に添って着付けることであり、どちらにしても同じですが、他装となると、人格があり、個性があることから、技術と心の二つのポイントが問題になります。それだけに結果として着上がりの姿と、着る人の気持ちの良い悪いが問われてしまいます。よく芸術家の作品には作者の思いや心理状態が現れるといいますが、人に着せる着付けも同様です。そこで着物を着る人の人柄、個性を守るために単なる技術だけあれば良いとはいえないのです。

そのことに気付いた時、私はよく座禅をしたものです。また滝に打たれることもありました。私なりにどうしたら無になれるか、一瞬に己を捨てることができるかということがありました。自装であれば、自分表現ですから正直に自分と向き合うことですが、他人様に着付けすることは相手になりきることなので滅私ということになります。

着物も帯も素材は布、織物です。陶芸家が轆轤を回わす時の粘土の扱い方と同じで、

◆雰囲気に合わせて選ぶ色柄の
きものは我に今日の力を

指の向きが悪く、力が入りすぎたりすると、その部分が、たとえ綺麗に着付けができたとしても、身体が動き始めるとヒビが入ったようになり、布目の流れが身体とそぐわないことがわかります。布は、他力によって常に動き、従うようでいて決して従わずにいます。そのために、一箇所に問題があると連鎖反応で歪んだり、空気を呼んだりして崩れ状態が始まります。その反面、しなやかに柔らかい着物の生地は、骨の動きと内臓の位置で、決めるところを決めると素材は光沢を放ち包む身体を美しくもします。日本舞踊はそれを証明しています。また身体より大きな形の着物の裾の返りや余分と思われる袖の長さは感情表現となり、女性心理の内面が動きとともに発揮されます。裸体は肉体の美ですが、着物を着た姿は人柄の美といえましょうか。何れにしても着付け方によって着物の持つ魅力が発揮されていくわけです。

華奢だった私の母は、骨格を覆うように着ていたもので、下半身はキリッと、上半身はややゆったりの衿合わせをした着物姿でした。そんな母は根っからの江戸っ子のせいか、着方にこだわりがあり裾を短めにしていました。私が、足袋が少し見える長さに着ていると「お前は田舎者だねえ！」などとよく言いました。そういえば、男女

◆衿合わす日々の加減を怠れば
きものも帯も我に添い来ず

の着物姿も、京都方面では裾を長めにぞろっとした感じで緩やかに、そして衿元も緩やかに着ています。何かと京文化と江戸文化には相反するところがあり、母なども無意識に江戸っ子気質の特徴が身についてしまっていたのでしょう。

ところで、他人に着付けするには滅私といいましたが、その訓練として滝に打たれた時のことでした。それはもう四十数年前になりますが、季節は五月上旬、場所は福島県大玉村、遠藤が滝でした。東北の五月の山奥はまだ残り雪があったせいか滝の水は冷たかったのです。教えられた通りに一人で山に入って行きました。岩陰で母が縫ってくれた晒の帷子に着替えました。寒いこともありましたが、初めてのことと、一人であることとの不安からなのでしょう体の震えは止まりませんでした。武者震いです。そのため紐を胸位置に巻いて強く締めました。先ず足を水に入れました。しかし足を濡らすだけで、熱いお風呂に入るかのように飛び出してしまいました。そこで男性の帯を締める臍下丹田のことを思い出し、白い晒の紐をお腹に痛いほどしっかりと締め直しました。やや震えはおさまり、気を持ち直して滝の中心へと進みました。

遠藤が滝は、さほど落差はないので、初心者には丁度良かったかもしれません。滝

◆はじめてのきものは我の癖知らず
　われはきものの癖知らずして

は肩で受けると聞いていたので合掌し立ちました。時々水の塊が頭を打ちました。間もなくして痙攣がはじまり、私は合掌の手を大きく揺らしながら獣のような声を発しました。信者なら念仏を唱えるのでしょうが、知らない私は、ただ声を出すだけです。そうすることによって意識を失わずにいられたのです。座禅の時もそうですが、人は苦しい状態が続いた後は、不思議と爽快になります。気持ちがいいのです。しかし、それは失神に近い感覚でもあるので意識のあるうちにと思い精神を解除に導きました。三十分以上は続けていたせいか、合掌の手は、すぐには離れず、頭の中は朦朧として、体は麻痺状態でしたが奇声をあげながら何とか着替えて山を降りました。

車が来るまで、不動尊寺縁側で西日を貪るように眠ってしまいました。

この体験で、骨格着付けではありませんが、胸を締めると不安な心は和らぎ、男性のようにお腹を締めると度胸がつき、いわゆる臍下丹田を身にしみて知りました。ちなみに、人の体に三箇所の締めどころがあります。もう一つが鉢巻きです。それは頭を締めて集中力を。日本文化は、私たちの身体に秘められていると言えましょう。

◆迷わずに想いの限り頼りたる
我を支える帯の長さよ

はじめに

私たち日本人は明治維新から、とりわけ第二次大戦後はそれまで日常着であった着物を脱ぎ捨てて洋装へと進みはじめました。そして経済成長とともに、その速度を増しながらファッション性豊かな洋服へと変わっていきました。それは日本文化衰弱の始まりでもありました。それまで誰もが着ていた着物の本質と着付けの基本を把握しないままに、洋装で表現される世界の文化の波に乗ってしまったのです。

私たち日本人は自国の文化や自然を本当に知っているでしょうか。本当に愛しているのでしょうか。身近にあるものに対して原因も疑問もいつしか感じなくなっているのではないでしょうか。個々では着物を愛しているという安心と誇りを持ちながらも、その思いを他人に依存してはいないでしょうか。和服は今や危なげに愛好家の手によってその炎を揺らし燃やしています。

本来、日本の民族衣装は身体より大きな形の着物で身を包み、細い紐と巾の広い帯を巻き締めることによって身体を矯正し精神を守っています。日本人はそうした着物を着ることによって精神文化や独特の日本芸術文化と多くの高度な技術、作法をつくりあげました。装いに使用する着物や帯、帯揚げ、帯締めといった小物にいたるまでのすべては、それぞれの歴史と役割と、そして意義と美をもっています。これらは精神的、機能的、あるいは生理的、物理的に人と関係を保ちながら残り続けているのです。しかし、残念なことに盛んであった蚕業はいつしか失くなってしまいました。機を織る音も消え失せ、着物をつくる人も着る人も減ってしまいました。

着物道を歩いて半世紀、五十年にわたる年月の中で、私は衰退する危機を感じながら着物を着てこの仕事を続けてきました。日本の文化遺産、強いては世界遺産とも言える着物は少数の愛好家の愛だけでは滅んでしまいます。

日本の民族衣装である着物の形とつくる技法、着方、帯の結びを世界の誰もが納得のできる内容のものとして、また、これ以上の衰退を助長しないためにも正しく伝え残さなければいけないと強く思っています。その思いがこの講のスタートとなりました。

●疑問は真髄へと導く

人間は直立二足歩行の動物です。その仕組みは頭、胴体、手足あわせて成人では大小二〇六個の骨組みで身体は構成されているそうです。

骨格には大別して胴体の軸骨格と手足の付属骨格があります。内臓は骨盤や胸骨・肋骨に守られ、それぞれに筋肉線維で支えられている構造になっています。

私たちの身体はこうした仕組みで形成され、その身体に衣服を着付けることによって人格や個性を表現し、社会を営み、生きています。

着物への疑問

なぜ、きものは直線仕立てのつくりか。

なぜ、きものの反物（織物）は一尺幅でよいのか。

なぜ、腰紐を締めるのか。

なぜ、帯を女性は二巻き、男性は三巻きするか。

なぜ、衿の幅と長さは。

なぜ、背縫いはあり、どうして破けないのか。

なぜ、なぜの疑問はまだまだ続きます。

これらの疑問は、世界中の衣服と比較した場合、日本の民族衣裳が全くちがう着装法であることから生じてきます。

人間は先ず始めに、動物の皮、木の皮を編み、あるいは細い糸にし、虫の繭から糸を引き、そして布をつくり、その布をカッティングして身体の型にはめて着る服をつくることをしました。しかし、島国である日本はその後他国ではありえなかった糸の撚り加減と織の組織で一尺(38・88㎝)幅の布をつくり上げました。生地は人間の筋肉、身体に添う皮膚組織をもった性質のものを作り、形は直線で作った「着物」を完成させたのです。

その上、日本の民族衣裳は、世界に類のない素晴らしい染織技術によって独特の芸術的着物や帯をつくりました。直線の形からなる着物と帯は着る、結ぶといった人間ができる高度な技術と精神で自然に身体に纏う衣服となったのです。そしてそれは世界に類のない技と美でその装いを完成しています。

●身体より大きな着物は、着て完成、脱いで未完成

未完成と完成

直立二足の歩行をする人間の着る衣服は世界各国さまざまです。中でも日本の民族衣装である着物は、とてもシンプルに完成された形でありながら、そのままの状態では未完成です。ところが「着付け」という行為によって見事に完成されて、個性ある人の姿を表現する世界唯一の衣服です。未完成とは、身体より大きな形の着物の袖に手を入れて体に羽織っても、それだけでは完成した状態になるどころか動きすら自由になりません。尚且つ、そのような形の着物の生地は、世界に類のない緻密に計算された撚り糸と織の組織によってつくり上げた人間の皮膚同様の繊維であり、見事に計算された仕立て方と縫製により着られる形になっています。このように表面上は完成された衣服に見える着物は、着装という緻密な技術の過程をもった「着付け方」によって人の身体と精神を守って着る人の姿を完成しています。

しかし、その完成は一度脱いでしまうと再び未完成の衣服にもどります。

完成と未完成、この二つの要素を持つ着物は、常に有と無の状態にありながらそこに着物を着る人の精神が加味されて着装は完成し、つねに着る人の人柄と趣の表現を変えているところに、計り知れない着物の魅力を秘めていると言えましょう。

●着物は心と体の健康バロメーター

着物を着ることは、その前後に準備と片づけがあります。それは大変面倒なことなのですが、日記を書いて精神を整理できるような思わぬ効果があります。なぜなら、準備は色柄・素材選びをすることで自分を知る力となり、さらには自分自身を発見することへとつながります。そして片づけは次の機会、未来への夢を自然と想像し予想することで新たなテーマが生まれるからです。どちらもストレス解消になっています。

特に着物を脱いだ後の片付けでは、出逢った人々や場面が鮮明に記憶に残るなど洋服にはない思いがあります。

また、脱いだ着物には紐を締めた部分や座ってできた後ろのしわなどが残りますが、身体の動きを納得できるしわと、そうでないものとがあります。時には一本のしわの原因を追求することに時間を費やしてしまうことが多々あります。一般によい着付けをしたときには、心地よく動け、脱いだ後ではしわも少ないものです。それは買物の包装紙と同じです。上手な包みは紙をやぶくことなくきれいに、そして最後は一枚の小さなシールを止めて完成です。きれいな包みは自然に丁寧に開くことができ、折り線も少ないので大切に保管してしまう程です。和装では常に体が動いていることと体温によって布は温まり、長時間着物を着た後にはしわも残るのですが、良いしわは自然と消えます。しかし悪いしわはアイロンでも消えないことさえあります。

●三位一体の重ね着

曲線を持たない直線裁ちの着物は、直立二足の歩行をする人間の身体に垂直にそって着付けすることが最大のポイントとなります。

着物地は、約一尺(38㎝)幅の生地を縫い合わせます。縫い合わせたラインを背骨に合わせて、左右の肩を包むように重ねて着ますが、特に女性の長い着物は骨盤、特に左足の大腿骨に前後の縫い合わせである脇縫いを添わせることが、着付けのコツ(骨)となります。

和洋にかかわらず、もともと下着は人に見せるものではありませんでした。しかし、時代の変化によって人の心の価値観も変化をしてくると、見せる下着が登場してそれを美化する時代となってきました。

とはいえ、しっかりとした骨格の身体を包み巻いて重ね着をする和服の下着は、重ねて着ていく中で圧迫されてしまうので、身体の動きに負担のかからない、つまり、体にらくな着やすい素材と形でなければなりません。そして次に重ねて着るものの良い土台となることが大切です。なぜなら、重ね着の和服は、皮膚が骨格の衣服で第一の皮膚とすれば、下着が第二の皮膚、長襦袢が第三の皮膚となり一番表に着る着物は第四の皮膚というように順次重ねるからです。その皮膚に重ねて着て、身体に気持ちよく着付けることができたとき、骨格の動きにより、着物はその布の持つ最高の美しさを表現するのです。それが立ち居振る舞い、仕草、茶道のお点前といった美へとなっていきます。

きものは洋服のように形に流行はありません。着る人の体型にかかわらず、その形がある限り、永遠に着ることのできる和服は、究極の衣服であるといえましょう。それは、身体の倍以上の大きさの着物と長い帯、そして数種類の小物類を使用して独特のテクニックで着装し、身体と衣服と精神の三位一体の美を表現する衣服だからです。

そこで第一の衣でもある肉体は骨格を包んでいます。肉体には数知れない細胞があり、五臓六腑を守っています。肉体はさらに皮膚によって包まれています。その皮膚が伸縮することによって骨格はその動きを可能にしています。

したがって肉体は『骨格の衣』と考えていますが、生きている人はその衣を着ているわけです。その姿が裸体です（次頁図）。

裸体は皮膚や筋肉、血管、細胞といった沢山の組織で構成されて骨格を包んでいる状態です。それは生きているものだけが着ることのできる衣服です。

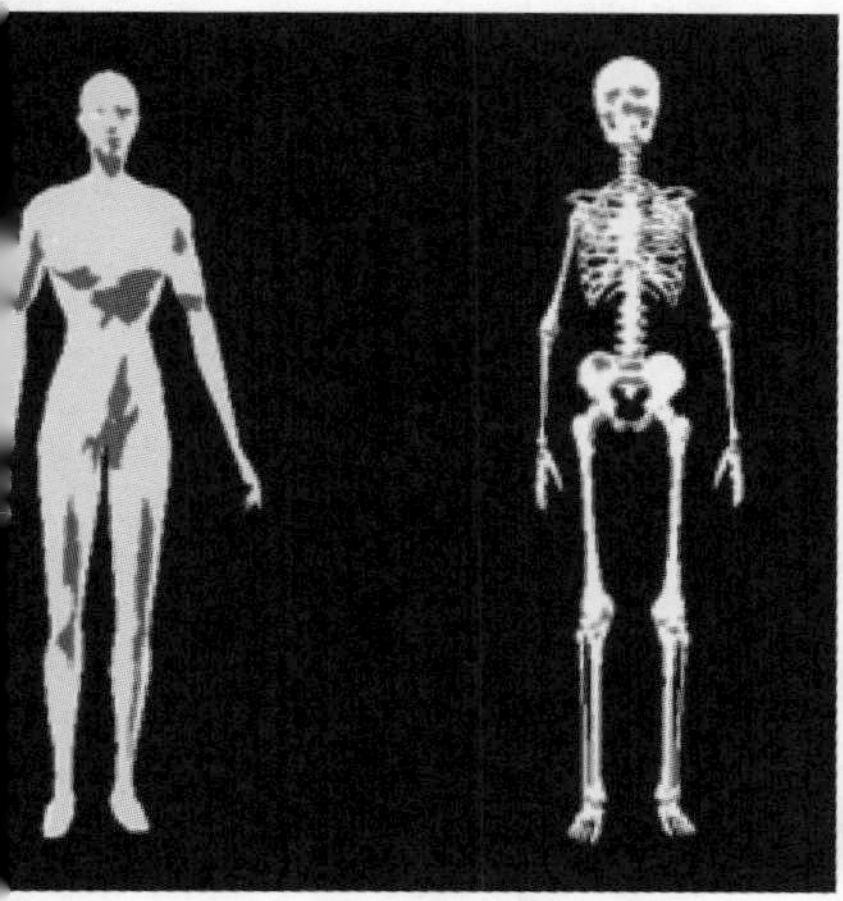

女性

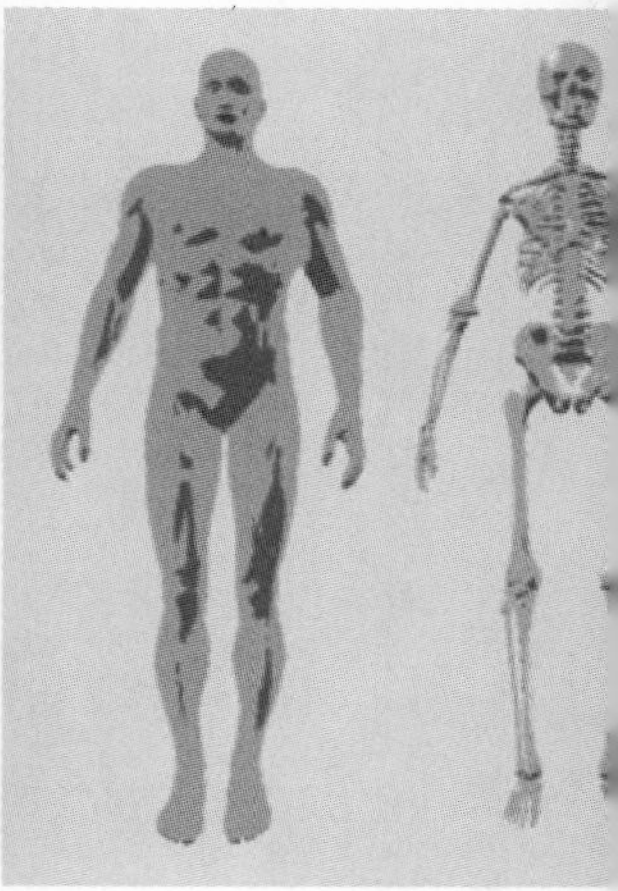

男性

●第一の皮膚●

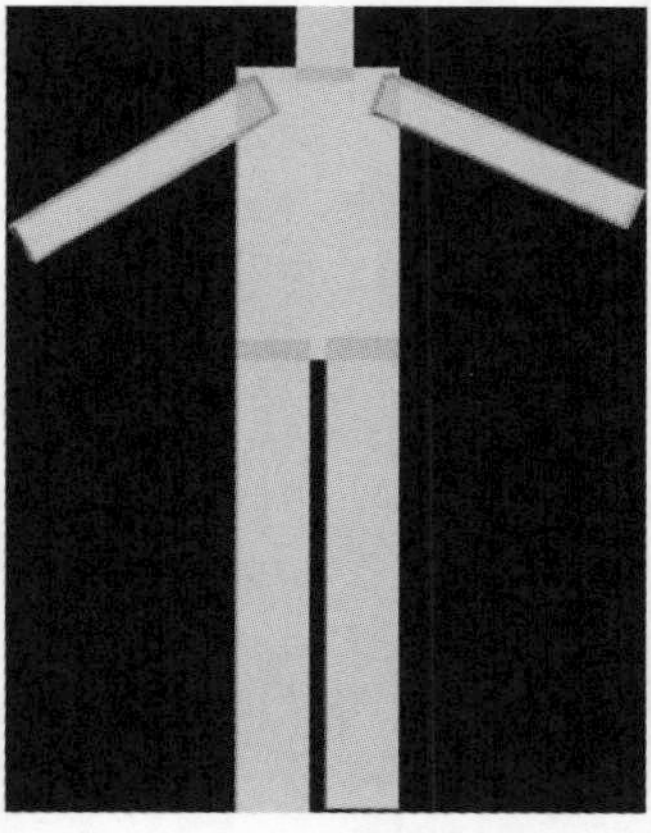

骨格の衣服

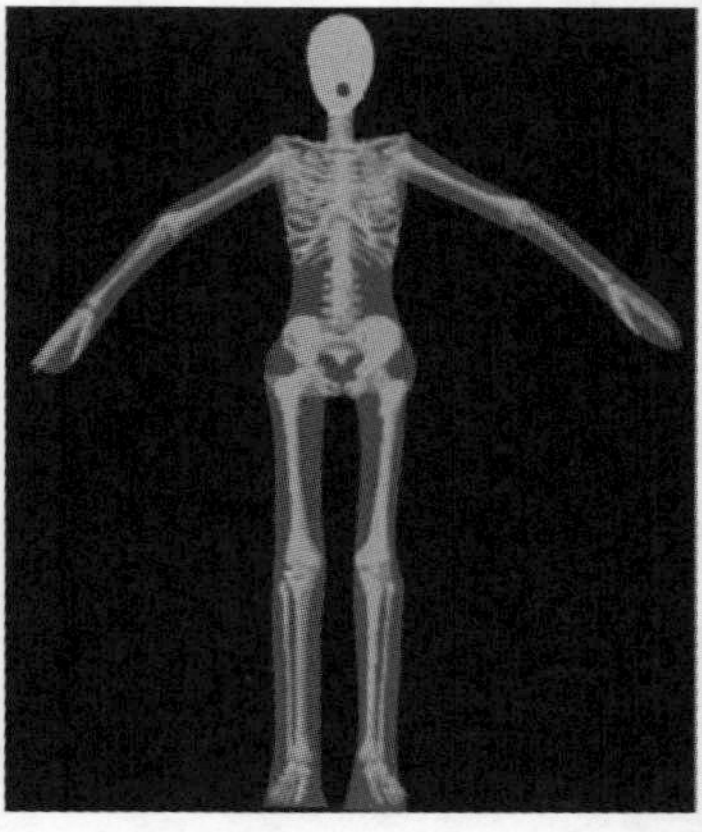

裸体

●日本人の叡智

平面が創る曲線　有形無形をくり返す波の美、それが着物の形です。

着物は、人間の構造である骨格にそって着る平面的な衣服です。そして着物地は、撚り糸を緯に使用して弛緩、張力をもった組織の生地となって人の筋肉の動きに応じる織物です。

着物一枚の生地幅は約38〜40㎝、長さは約12ｍあり一般に反物とよばれて巻かれています。それを八枚に裁って直線縫いの方法で着物は作られています。着物の表面上は、曲線のない直線仕立ての形です。手縫いで仕上げた着物とミシンを用いて仕上げた着物を比べてみると縫い目の間隔はさほど変わりはありませんが、手縫いの着物の縫い目には糸を少し引っ張ると指が入るほどの空間ができます。その空間が布目を自由にして身体の動きに応じる着物を形成しています。そのような縫い方の絹の着物や木綿の着物など、その素材にあわせて縫い糸も変わります。一本の糸で八枚の布を合わせて仕立てます。現代流にいえば、糸の賞味期限は約三十年位ですが、着物は十年、二十年は当たり前の事で、仕立て直しをしなくとも糸が切れない限り五十年でも同じ着物を着ることができるのです。また、沢山のしわができるほど、どのような姿勢で着ても、一枚の着物を長年着て裾が汚れても糸の切れることもなく、着物の形も破壊されることなく世代を受け継いで着ることができる衣服です。その上、人の体より大きな着物は縫い目にそって正しくたたみますと小さくまとまって布目もきれいに整います。つまり、縫い合わせに沿ってたたむことによって、整体ではありませんが、生地は織り上がった時の状態に回復していきます。そして回復した着物は、身体の骨格や筋肉にそって正しい着付けをすることにより、再び美しい光沢を放ち、生き生きとなり着る人の心に満足とパワーを与えています。

また日本文化の特徴の一つに、大きいものを小さくする、つまり折りたたむ文化があります。着物は勿論のこと折り紙、風呂敷、卓袱台《ちゃぶだい》とよばれるお膳、屏風、布団、大きいところでは襖のある家の間取りまで数えきれないほどあるのです。着物はその代表的なものといえましょう。

●着物の生地は皮膚なり

着物地の特徴　斜めの張力

着物は静止の状態では平たんな布のように見えます。しかし、腰をひねったり、半歩でも足が前、あるいは横に動くと同時に着物も動きはじめ大小の斜襞《ひだ》やしわの波をつくります。そして体を垂直に戻せば、その波は消えて着物は垂直にもどります。しわや襞は、体の骨格と筋肉の動きや姿勢に合わせて波のように変動し、直立姿勢になれば布の流れも垂直になることを繰り返しています。常に生地は静と動を繰りかえしながら身体を包んでいるのです。したがって肌につける下着から一枚一枚を骨格に合わせて体に正しい着付けをすると、着物地は体と共に生き生きとした表面をつくり、着物姿の所作はより美しくなります。身体に添わない悪い着付けをすると、重ね着した下着、長襦袢、着物は体と一体にならずに布の流れは別々に動き着物も姿態も美しさを失ってしまいます。

ところで、雑誌や写真館などで着物姿の写真を撮るとき、決まって「しわが出ていま

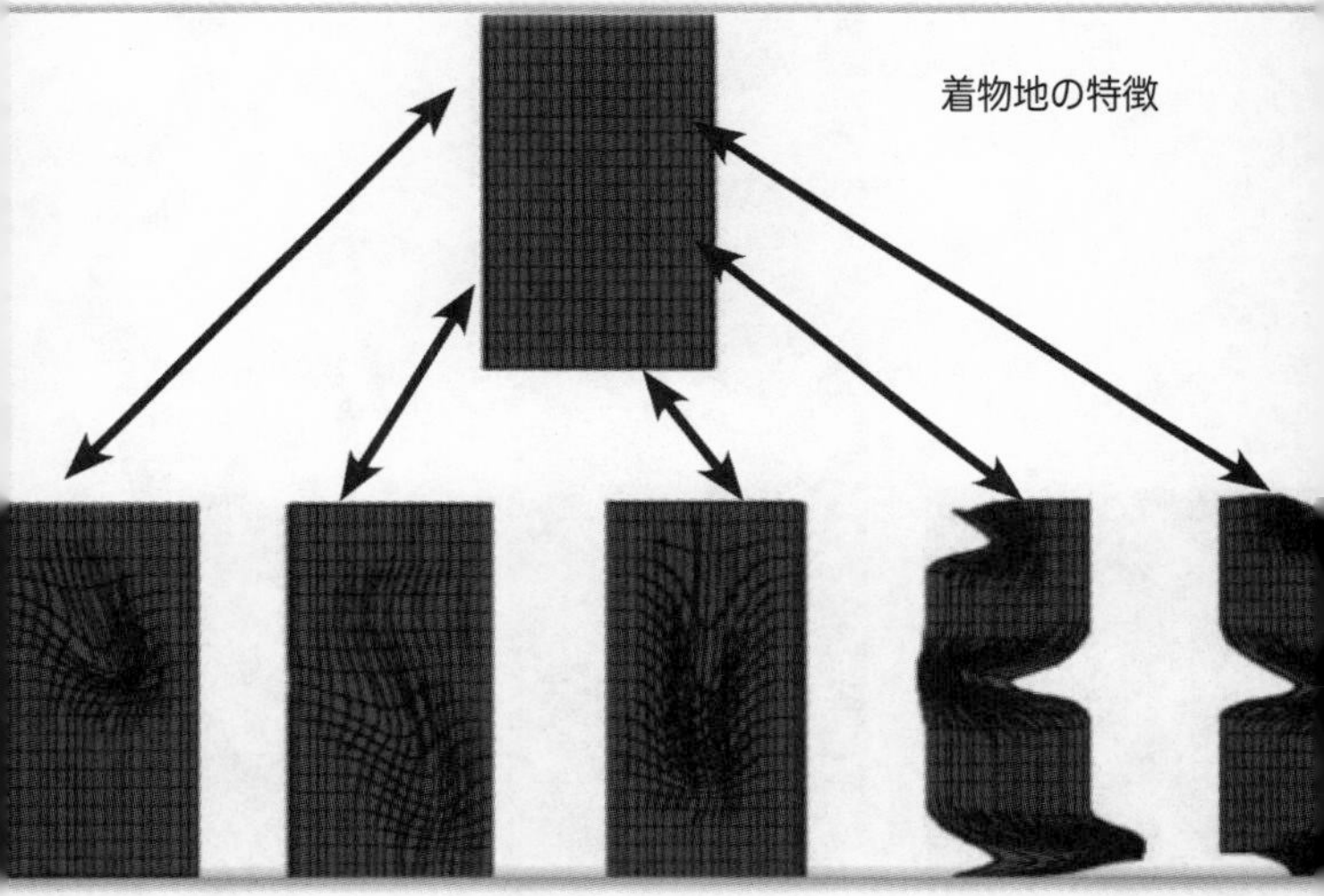

す」とか「しわを消して下さい」とか頻繁にいっています。撮影された写真には、しわのないピーンと張った状態の着物姿が写っています。そしてしわの無い姿の着付けを上手、綺麗といい、関係者も一般人も認めています。

「しわ」を辞典で見ると皮膚、布、紙などの表面が緩んで細かい筋の縮みよったもの。さざ波、波紋とあります。「襞」の解説には袴、スカート、などに段状に細く折りたたんでつけた折り目をいうとあります。

しわや襞が無いのは本当に美しいのでしょうか。着物地は本来持っている生地そのものにしわや襞が出来やすい織の組織です。しわや襞が出来やすいからこそ直線つくりの着物

の形となって体にらくに着ることができるのです。そしてしわや襞は身体の動きに従って現れては消え、消えては現れるさざ波のように陰翳をつくりながら着物美を演出しています。人も生きている時は深いしわを持った老人であっても死んでしまうと死体という物体になりしわも消えます。

着物は物体でありながら、人の身体を包むと体温を帯びて生き物になり、姿勢とともに垂直に流れて直線に、座れば曲線にと、謳歌しているように見えます。即ち良い着付け次第で精神的に満足度を高め体の動きにそってしわや襞をつくりながら身体美を表現しています。

骨骼にそって正しい裾合わせをして正しい腰紐の位置であれば、どのような動きをしても骨の動きとともに着物は開いたり、歪んだりしてもまっすぐに姿勢をただせば、崩れることなく布目も正しくもとにもどります。

●反物とは●

着物一枚ができる長さの巻き物を反物と呼んでいます。多少の差はありますが巾約38~40㎝、長さ約12mです。

かつて、紐、縄、ロープ類の長さを測っている光景に親指付け根から肘までの間に巻いているのを見たことがあります。この間隔の部分を尺骨といい人体の骨格の一部です。原始時代は、この尺骨が物差しであったとある書で知りましたが、着物巾は正にこの尺骨の長さでできています。日本人の身長も伸びて広幅として一尺一寸ものが多くなりましたが一尺が標準です。

反物
きもの一枚分を一反と呼んでいます。その生地は巾約38～40cm（一尺～一尺一寸)、長さ約12ｍ（四丈五尺)

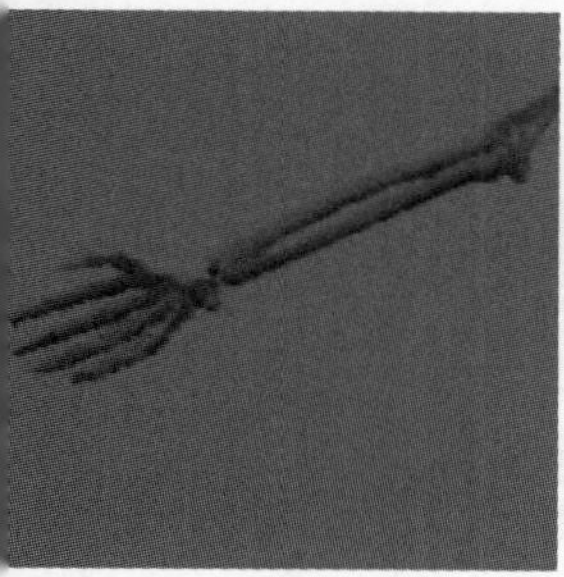

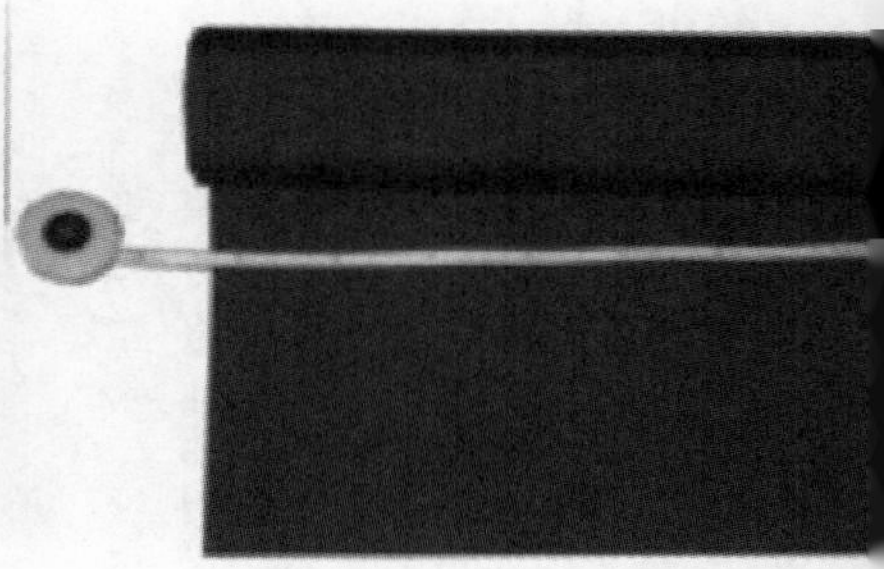

●一反の着物裁断

一反を次頁図のように八枚に裁って直線縫いの方法で一枚の着物を作っています。

着物は曲線のない直線仕立てで、その縫い目は、洋服を仕立てるミシンで縫ったものと比べた時、間隔がほぼ同じであっても、着物の手縫いは生地の弾力を損なわないように仕上がります。裁断した長い背中部分を直線で縫いあわせ背縫いとなります。さらに左右対称に、脇、左右の袖の形を作り着物は仕上がります。それを平面で広げてみると体を包む大きなはぎ合わせの布、つまり日本の風呂敷に似た状態になります。その着物の色や模様は一枚の絵画のように平面です。ところが、ひとたび着付けという技術的行為で人の体を包むと着物は立体化し、身体の動きに応じて斜めに襞《ひだ》が現れたり、伸びたり、縦横無尽に伸縮と弛緩を繰り返しています。それは40㎝前後巾の着物の生地は、数本あるいは十数本の撚り糸を緯（横糸）にした織の組織で独特の斜めの伸縮自在性をもっています。そして体の動きによってできた襞やしわは、身体が静止すると一瞬のうちに立ち姿にそって直線になり布目は再び回復する繊維です。それは皮膚の張力に似ています。

◆経糸は 緯《よこいと》 支え緩みなく
交差の時の息吹を感じ

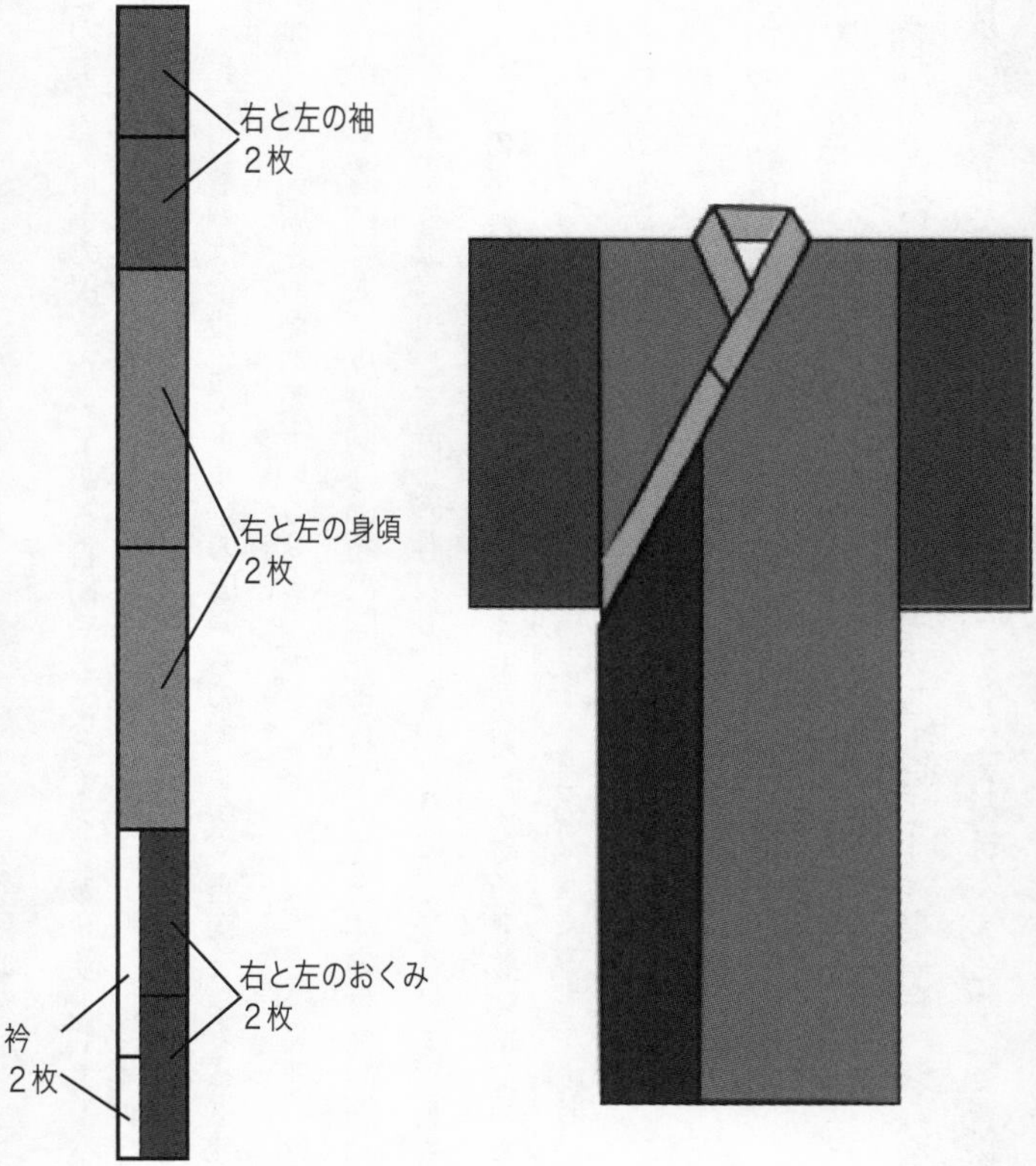
右と左の袖
2枚
右と左の身頃
2枚
右と左のおくみ
2枚
衿
2枚

このような日本の民族衣裳である着物や帯は、インドのサリーやターバン同様に平面の布が着付け方によって人の体に自然にフィットして美しく包んでいます。違いといえば、インドのものは全般にヤール幅の広いものですが、着物をつくる生地や帯はその幅が40㎝前後で完成されているということです。したがって着物は人の皮膚同様の布に開発されていて身体の骨格や筋肉にそって正しい着付けさえすれば、決して苦しいものではないようにつくられています。

また下肢の歩行や動きの範囲は上半身より大きいので、着物の前にはおくみと呼ばれる着物地の幅半分を付け加えて広くしています。この「おくみ」が下肢の行動範囲を守り、歩幅や立ち居振る舞いをバランスよく美しくしています。

●着物の縫い目と力の流れ

一反（約12m）の着物地を八枚（袖二枚、身頃二枚、おくみ二枚、長短の衿二枚）に裁断し、それを直線で縫い合わせて一枚の着物は完成しています。縫い合わせたそれぞれの直線は骨格に合わせて着付けをします。骨骼にそって着付けをすることで着物は身体の一部

◆よこ糸は筬の激打で生き続く
　歩み進めて模様織り出す

になり、動きにしたがって力が流れます。特に後ろの臀部や左右脇の太腿は激しい動きを繰り返していますが、縫い合わせたところで左右の力の流れはぶつかり合います。しかし縫い目の隙間空間から流れ出てしまうので生地には負担がかかりません。それはズボンの脇の縫い合わせと同じです。

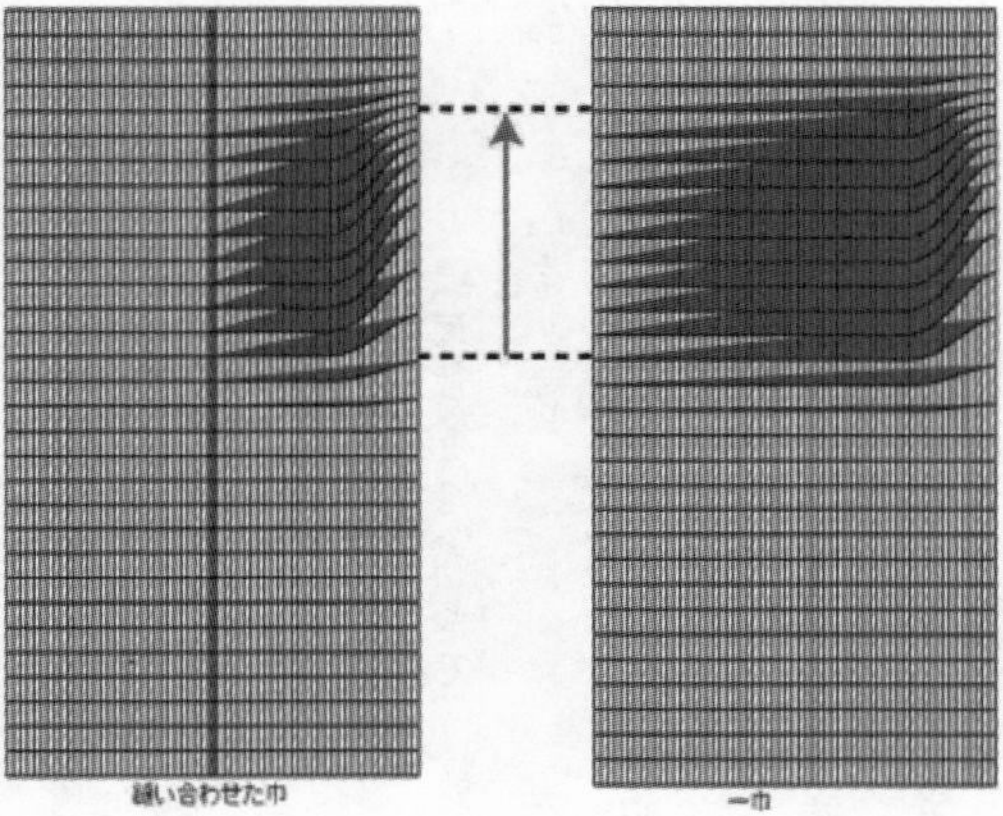

図左　二枚の着物幅の布を縫い合わせたところで力の流れは弱まる。
図右　洋服生地一枚の布で左と同じ布端に同じ力を加えると屈折しないで幅いっぱいに力が流れます。

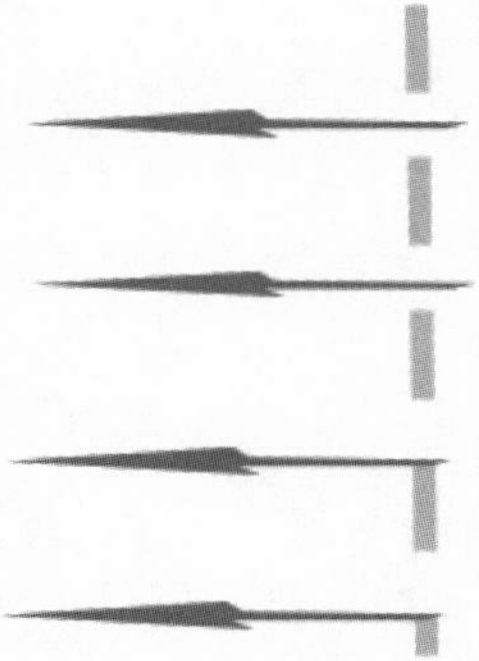

★この結果、直線の縫い目を持つ着物は体の動きに対して効果的に働き、長い年月を着ても縫い合わせている糸は切れず、生地にも負担がかかりません。

✲日本人精神と民族衣装✲

大和魂・大和なでしこ

人は衣服を身に纏って、社会人としての存在を示し、活動し、文化を生み歴史を作っています。

人の体は大小二〇六個の骨組構成と六五〇余の筋肉で形成されているといいます。そうした身体にどのような形の衣服を、どのように着装するかで、身体の神経に受ける作用により行動も様々であり、結果、思考の働き方にも変化を起こします。

日本人は二百六十数年間の江戸時代に世界に類のない日本独特の着物、帯、その着方や、結び方を完成しました。

江戸時代の日本には、士農工商の役割があり封建社会のために着物の着方や素材、色、模様まで決まり事がありました。また、男性中心の社会であったことから女性は屋内生活を余儀なくされていました。そのため着物や帯の表面的形態はさほど変わりはありませんが、屋外と屋内、また主人と使用人といった立場には大きな違いがあり、装いから一目で階級を判断できる姿であったのです。しかし、どのような生活をしようとも、どのような表面的姿であろうとも着付けの方法は、腰紐をしっかり締めて、帯を巻く事に変わりはありませんでした。そこに日本人としての生活習慣が生まれ、日本人の気質となり一貫した精神がつくり上げられ、日本人独特の美意識や手工業技術が生まれ日本独自の文化を深く大きくしてきたように思われます。

さて、着物を着るために欠かすことのできない紐と帯ですが、紐は細く長い布製で、前で打ち合わせた着物を腰で抑えるために胴体を二巻して結ぶ長さがあります。そして幅のある織物や布の帯を男性は腰に三巻の長さで締め、女性は腰から上、胸までを二巻して背中で装飾を兼ねて形を作ります。この紐と帯により日本人の特徴とも言われる男性の「大和魂」、女性の「大和撫子」の精神が育まれたと考えています。

実際、着物を着ると（ただしこれも身体を考えた良い着付けではありますが）背筋が伸びて真直ぐになり自然と胸を張ります。その姿を私たちは良い姿勢といっていますが、あごをひいて胸を張り少しお尻を上げるようにすると、お腹が引っ込み背筋は伸びて本来あるべき正しい姿勢をつくります。男性の着物は対丈ですが、女性の着物は身長の長さです。そこで対丈の男性は肩で着て腰で決める、すなわち帯で着付け姿と精神のバランスが決まることになります。男性の角帯の幅は約８㎝、前はお腹、後ろは第四腰椎を中心に収まるように三巻して結びます。結びの形は武士の結び、商人の結び、職人の結びそれぞれですが、江戸時代の武士は袴を着けることが決まりで、その形も室内、屋外、旅袴、狩り袴といった行動によりその種類がありました。いずれの場合も袴の前後の紐を帯位置でさらに締めることによって精神状態の強度が上がります。大和魂は、そうした腰位置で身体を締める習慣から武士精神の中で発生した言葉のように思います。日本語には「腹」のつく言葉が多くあります、例えば「腹を割る」「腹に落ちる」「腹を読む」などなど、日本人の腹に宿る精神文化を象徴しているようです。一方で、商人は商売の前掛け紐が腹を締めています。袴をつけない姿では通常の帯の上から帯幅より狭い真田紐で帯の緩みや結びの解けるのを防ぐために、しっかりと腹を締めています。「臍下丹田」といわれる臍の下の丹田から勇気、パワーが出るということになります。

●臍下丹田とは

胸を張ってお腹を引っ込めると背筋が伸びます。腹筋を引き上げることによって背筋、仙骨が刺激されて臍下丹田を知ります。

着物を着て腰紐を締める、あるいは男性が帯を巻くときの位置は、前は、紐や帯の上端が臍下に沿い、後ろは前よりやや高めの位置にある第四腰椎にあり、左右真横に締めることで仙骨が刺激され、背筋は伸びて腰が立ち、体の中心軸感覚が生じ臍下丹田の状態になります。

また、袴の腰板はS字型の背骨の腰に当てることによって背筋を正しく伸ばした状態にしてくれます。

腰が立つ、腰骨をたてる立腰に関しては森信三氏が提唱していますが、着物を着て腰紐や帯を締めると自然に腰が入り茶道や能、舞踊芸能、弓道、剣道の武道など日本民族の身構えや姿勢、精神を形成したのだと思います。

◆武士結び刀を差せば腹締まる
臍下丹田やまと魂

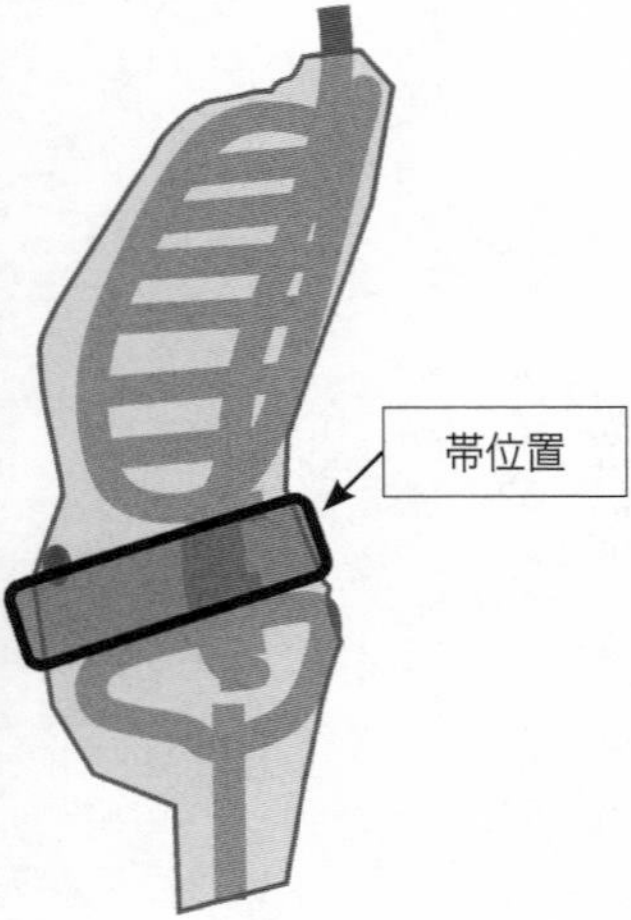
帯位置

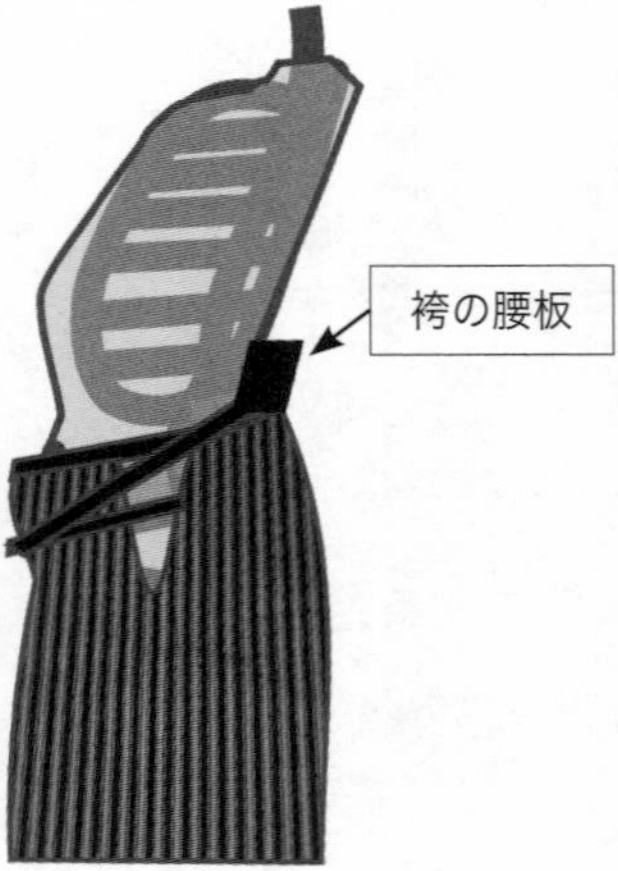
袴の腰板

●大和撫子と女性の帯

女性の帯は江戸時代に入ると、その幅を広くしていきます。着物の形も男性的な対丈の小袖から裾を引きずる、身長丈の長さになります。女性は屋内での生活が多く、行動範囲も狭くなりました。また、遊郭が幕府公認となると、その繁栄とともに遊女たち、とくに花魁級の衣装が豪華になり地位の力は帯の幅や模様に現れていきました。

士農工商の時代、武家の女性は色合いも地味な着物で帯の結びは「文庫結び」が決まりです。この結びは解けにくく花言葉のように例えるならば「貞操」といえましょうか。そして町人文化が栄えた江戸時代では豪商の女房たちは衣装比べをするほど豪華絢爛を競う時もありましたが幕府によって規制されました。一般庶民では両面が別素材で仕立てる昼夜帯、別名腹合わせ帯が定番となり、その代表的な結びが「角出し結び」です。毎日を着物で過ごすので、締める帯も早く弱まり切れて、長さも短くなると十分な結びが出来ません。そこで「引っ掛け結び」も多用されました。この結びは直ぐ解けて、直ぐ結べる簡単な結びであることから「浮気結び」「間男結び」などと呼ばれたと言います。このように帯や結びから女性の心理や人生模様を計り知ることができるのです。尚、良家の娘は現代の舞妓の「だらり」のように長い帯を巻いていました。長い帯を巻かなければ耐えられない乙女たちの心は帯を巻くことによって精神状態を保っていたようです。どのような状況であれ女性たちの我慢をする心身は、年齢にかかわらず帯に託されていたように思われます。幅の広い帯を胸に巻くことが、揺れ動く心を落ち着かせ、おとなしい立ち振る舞いをとなり日本女性の「大和撫子」と呼ばれている姿を生み出したのかもしれません。

ところで現代の女性の帯幅は、仕立上り約31〜32㎝あり身体に巻く時は約16〜18㎝幅で二巻きして主に背中で結び、帯幅をいかして仕上げます。幅の広い帯は帯幅の下は骨盤の腸骨（腰骨）にそって、帯幅の上部分は胸骨に掛かり背中へと斜め高めに胴体や内臓を巻き締めています。

◦江戸時代の結び◦

文庫結び
（武家の女性）

角出し結び
（一般）

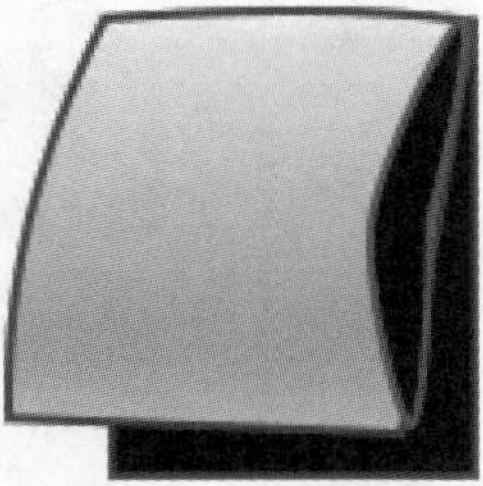

引っ掛け結び
（一般）

○帯を巻く位置○

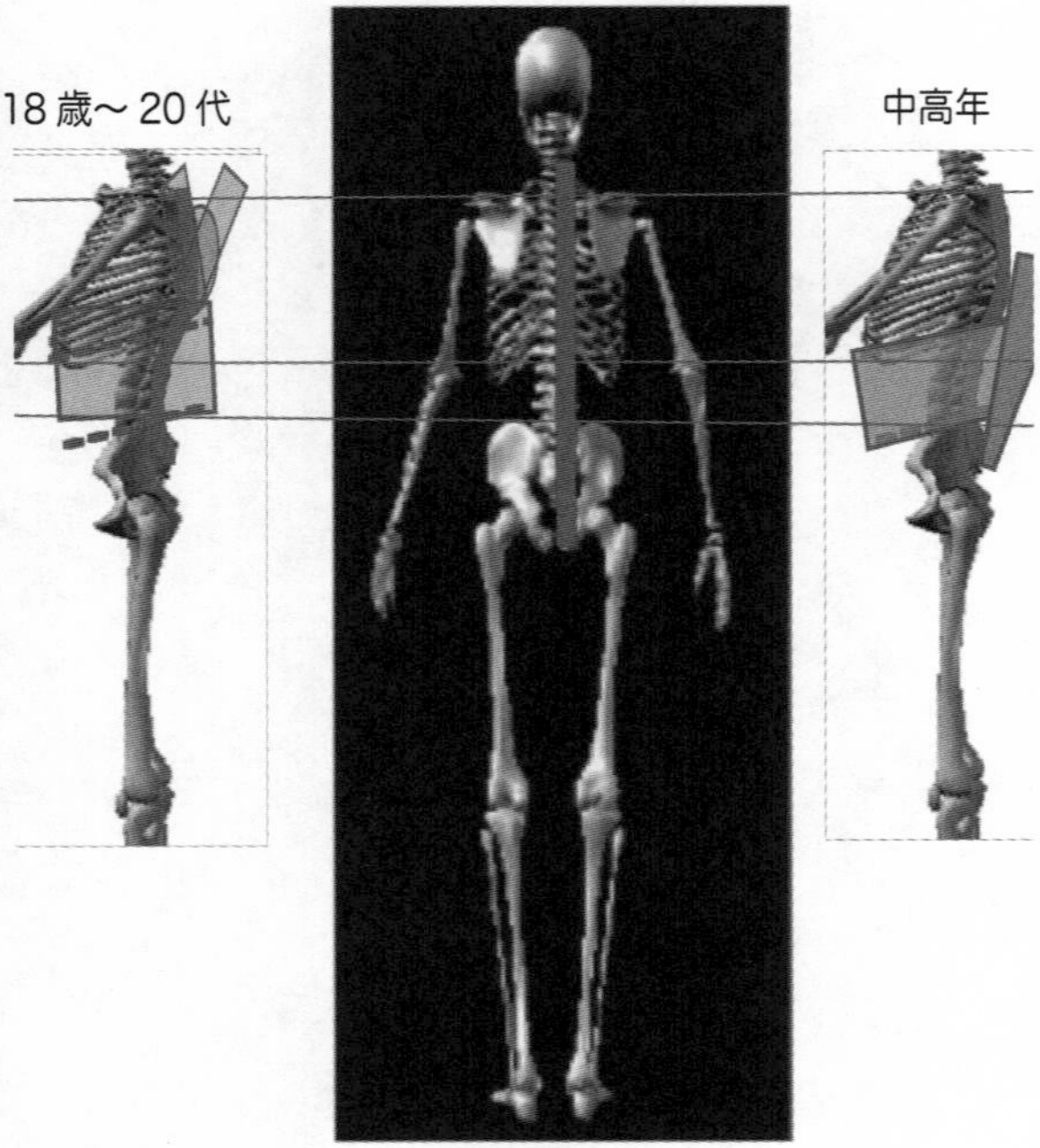

若い身体では帯の位置はウエストラインより上で胸骨に掛かって巻く。神経が集中している胸なので着付け方にポイントがある。
中高年になると腰周辺に脂肪が落ちるのでウエストより下ラインで締めると帯は安定する。

人の背骨はゆるやかなS状の彎曲で、身体の軸となる主要な骨骼です。その背骨を軸に胸骨と骨盤が内臓を保護しています。その胸と骨盤の間に帯を巻いて締めています。したがって広い帯を巻くことは、苦しいのではなく軸骨格の脊柱に付属骨格の骨盤と足を固定する状態になるので背筋は正しくなりよい姿勢が保たれます。

◯着付けは、研究されてこなかった文化

江戸時代は、どのような身分でも日本人のすべてが着る衣服は着物でした。身分に応じたそれぞれのものを自分の身体に落ち着かせるように紐を締め、帯を巻いて生活をしていました。母は子供に着物を着せ、妻は夫の身支度を手助け、家族は着物を通して、心を知り、健康状況を感知していました。さて、身分に応じた装いの区分は、明治維新を迎え、廃藩置県になると西洋の服を着る者や一般庶民の中に武士社会の着物を着る者が現れ拡散していきました。ほんの一例ですが、現代のミセスの第一礼装と言われる五つ紋付きの黒留袖は、江戸褄とも呼ばれていますが、武家の女房たちの着物で一般の家でも着るようになったものです。幕末は経済的に苦しい武士の家では、衣装や美術品を密かに金子に替えていました。維新になり公家や藩士は公爵、侯爵、伯爵、男爵、子爵の華族となり、いち早く西洋文化を取り入れ鹿鳴館時代を迎えました。一方で商人にも格差が生じ、時代変化で豪商になるものや苦しくなるものが現れました。衣服では、

一般男性も黒紋付袴を着るようになり、女性は紋付の裾の長い着物を誰もが着はじめました。各家庭の主婦は朝の家仕事（食事、掃除、洗濯）が終わると着替えることが当たり前のことでした。

明治、大正、昭和時代の前期まで、着物は日本人の生活着であり大切な財産でもあったのです。しかし、第二次世界大戦後は、復興のため経済振興や女性も社会進出する時代に入り、時代のリーダー的公務や労働に関係する人々から生活スタイルは変化し、着物離れは驚異的に進みました。そんな中、「気がつけば」ではありませんが、呉服業界は産業も経済も降下の一途を遂げました。その中でもかろうじて四季折々の祭事や記念式典、冠婚葬祭では着物を着ることが常識でもあり、着ることに社会的な存在の感が強く表れていたのです。しかし時代が進むにつれ、自由貿易とともにブランド志向が高まると、女性は西洋スタイルのステータスを求め、西洋式の美を実現することを覚えると遂に日本人は着物離れとなったのです。ブランド志向の高まりと反比例するように、和服は風前の灯時代に入りました。

しかし、着物のＤＮＡが日本人の心にも消えることなく残り続けているからでしょうか、西洋的おしゃれを一通り知った人々や反対にまったくきものを知らない人々は、グローバル時代になると、ステータス表現は着物にあるのだということに気づいたようです。ただ残念なことにそうした時代変遷の谷底にある着物業界は、数百年に渡って作り上げた技術や習慣を手放した後、そう簡単には復活しません。中でも「きものを着る」ということに対して日本人の意識は低く、民族衣装であり日々の衣服であったために「おしゃれ着」「簡単に着れるもの」「女、子供のすること」といった考えが社会的に強いところもあり、着付け技術の研究はなされてきませんでした。そのために聞きかじり、あるいは模倣を主体にした外面的表現技術に主軸が置かれ、外面的な表現が尊重され、和服文化の真髄を弱体化してきたように思われます。

生活スタイルが江戸同様であれば、着物を着る者は非活動的な「静」のイメージも緩やかな時代流の着装美として良いのですが、現代の生活スタイルは、全く外国同様、世界共通です。現代は車社会、移動社会の「動」時代です。そうした中、和服を、洋服化した中で美しく「動」的姿にアピールするためには、着付け方法が重要なポイントとなります。

着物は決して非活動的ではなく、むしろ「静」も「動」も兼ね備えた衣であるということを認識し証明する技術が必要であり、その結果が日本の技術文化の正しい理解となる大きな一因と確信しています。

●現代着付けとは

江戸時代に完成された着物や帯の形は、生活様式は変化しても、微塵の弊害もなくそのまま現代の私たちの身体に纏うことができます。その上、精神的効果も感じ取ることができる衣服です。

時代変化で異なる点は、少しの着装順序ぐらいで、ほとんど着衣に関して変わりはありません。只、大きく変化した生活環境や洋装化した人々と空間のバランスをとるために、外面的表現と快適な行動性を伴う着上がりを考えなければなりません。そこで着付け方が重要になります。

現代人は、手足や頭を入れるだけで簡単に着ることのできる洋服に慣れてしまっているために、ほとんどの人が着物の本体の形を知らないのが事実です。身体より必要以上に長く大きく、柔軟な着物や帯の扱い方に先ず戸惑います。このような時代の中で自国の民族衣装は、完全に別世界のジャンルとなってしまいました。故に、着物学、きもの塾、着付け方教室が日本文化保存のために不可欠なものとなりました。着物や織物の帯は芸術性が高いために、ややもすれば装飾品的な美術品化になりかねませんが、着る、着せる着付け技術が正しくあれば、その恩恵は計り知れず、人間形成、精神形成にも大変重要な役割を担います。着付け技術は世界に誇る文化遺産であると私は考えています。

着物は、人が着るために作られた衣服であり、長い年月をかけてその素材や技術が伝え残されてきたものです。決して新しい時代に添わないものではなく、個々の感性の喪失と怠惰によって、大切な文化を失う方向にあることを憂い着付けの研究をつづけてきました。そして「笹島式着付け」は四十数年の年月をかけて完成しました。それが骨格着付けです。なぜ「流」ではなく「式」なのか、ということですが、掛け算の「九九」ではありませんが、時代が変わろうとも着物と身体の関係から生まれた着付け技術は揺るぎないものだからです。それは日本人だけではなく、世界の人々も納得のいく方法であり、誰もがその技術で着物を着ることができる理論があるからです。

●精神的・健康的な効果のある「笹島式骨格着付け」とは

「笹島式着付け」を一言で言えば「腰」と答えます。すなわち腰骨「骨格着付け」です。

ここに骨格着付けの原点とも言える文を抜粋して掲載させていただきます。

「立腰は日本民族の身構え」（森信三の言葉）

森先生は，「腰骨を立てる」という姿勢について，次のように言っている。

およそ，古来東洋において道と名の付くものはいやしくも茶道や華道，踊りや謡曲等の芸能に始まり，さらに弓道や剣道等の武道にいたるまで，全てこの根本の姿勢というか態度を厳しく言ったものであります。（p.6）

私が提唱し力説するこの「立腰道」，すなわち「腰骨を立てる」ということは，単なるわたくし一人の個人的な体験に根ざすものではないのでありまして，実は民族の長い歴史的伝統に根ざす全ての求道の中に，すでに内包せられている真理であります。否，むしろ東洋における「道」の中に浸透し，伝承せられてきた人生の具体的真理と言って良いでしょう。(p.16)」

〔森信三／講述・寺田清一編『立腰教育入門：性根の入った子にする〝極秘伝〟』(不尽叢書刊行会、1982年) p6, p16〕

右記のように、日本人は着物を着て紐を締め、帯を巻いて立腰の精神となりました。もともと着物は人の体を健康的な正しい姿勢と身体を作り、そこに強い精神を宿らせることのできる衣服です。つまり日本の民族衣装である着物は精神、文化の球根であると私は考えています。そこで次は着付け方を着物と身体の関係から紐解いてみます。

●着る時の上半身の姿勢●

「背骨まっすぐ、首と肩」

ハンガーにきちんと服を掛けないと斜めに歪むように、人の場合も左右の肩と首の位置がねじれた状態で着物を羽織ると、その時点で着物の前後の布の流れが変わり、歪みます。

首を下げると肩の筋肉が上がります。肩から垂直に流れている生地は首や肩の筋肉の動きにしたがって動いてしまうので、垂直の流れを保ちながら行います。特に着物の土台となる長襦袢の着付けは、首を真直ぐにして姿勢を良くすることが大切です。

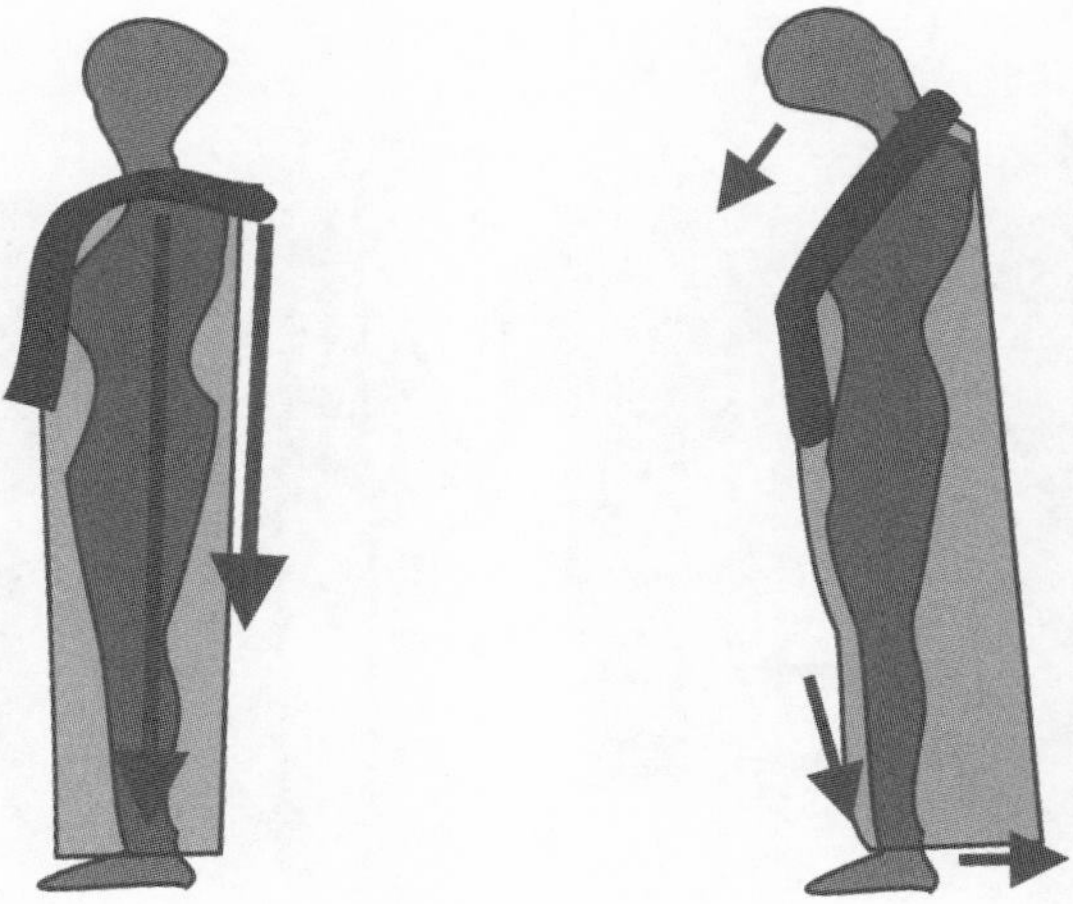

首を下に向けると矢印方向に布は動きます。

また、着物姿の表現は、長襦袢にあり、特に衿は昔から、「着物を似合って着るのも野暮になるのも衿、衿、衿」と強くいわれていました。どんな色柄の着物でも、衿合わせ方によって決まります。それだけに長襦袢の着方と衿合わせは大切です。

●女性の長い着物は腰で決める●

女性は、ややもすれば身長より長い着物を着ることもあります。いずれにしろ身長の長さで仕立てます。先ず、足元の裾を決めてから腰位置で左右を合わせて腰紐をしますが、その位置と締め加減で下半身が決まり、着物姿全体の八割が決まります。上半身は中に着ている長襦袢に重ねて決めます。そこで腰紐の締め位置は前が腸骨位置、後ろが第四腰椎となります。

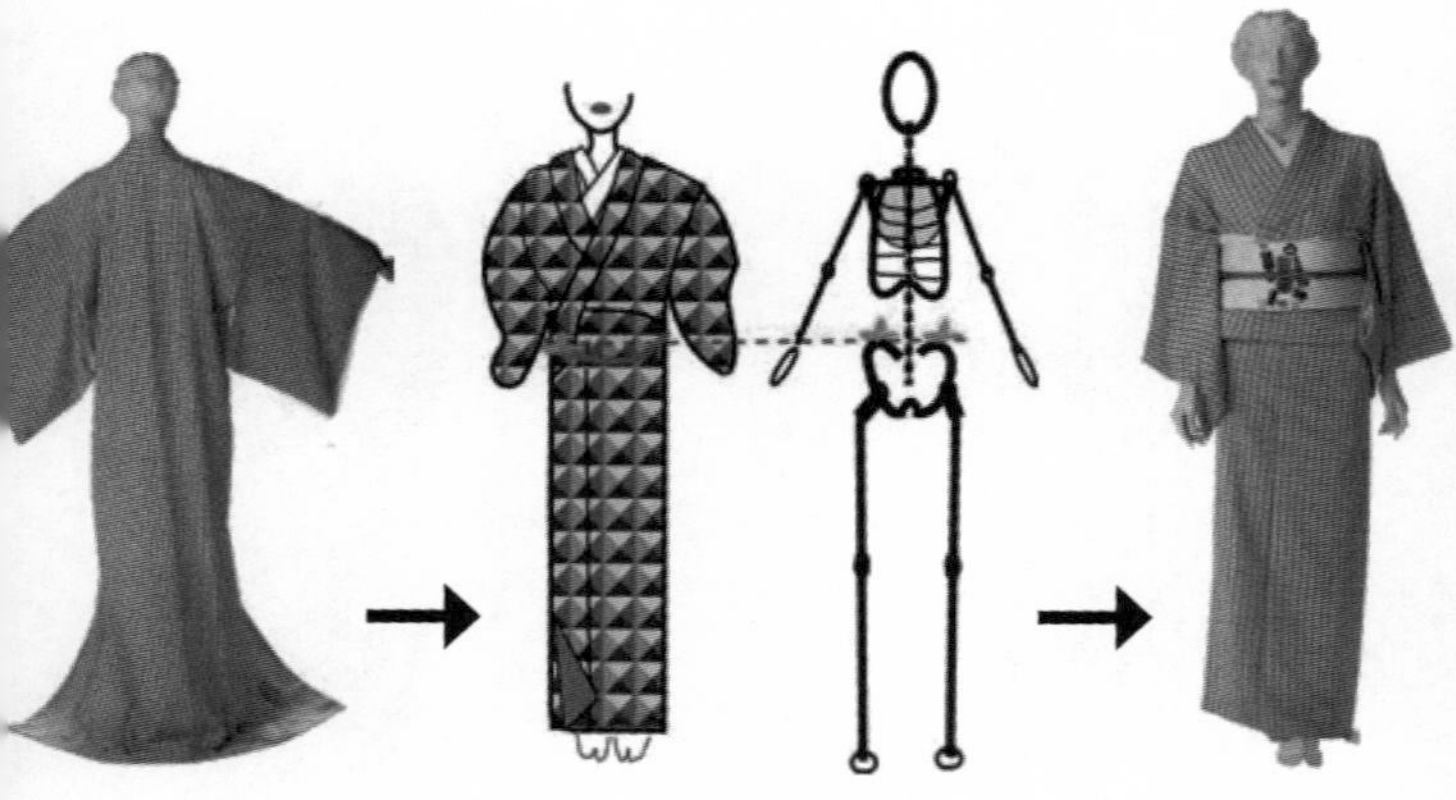

◆長襦袢きものの内にて控え着る
我だけ知れる色柄模様

★なぜ腰紐は第四腰椎の位置を通るのか。

頭、胸を支えて五つの腰椎、仙骨と脊柱は繋がっています。腰椎は上半身の胸郭と下半身の骨盤との空間にあって第四腰椎は上半身の動きの起点的働きのあることに気付きます。したがって身長より長い着物を着る時、足元から裾の位置を決め、腰位置で腰紐を締めて下半身の垂直に流れる着物を固定します。正しい位置で締めることによって着物地の重量を軽くし、伸縮を自然に保ち布の持つ美しさを発揮します。また、腰紐や帯で支えの助けがあると脊柱が安定して精神的にも落ちつきよい姿勢を保つことになります。

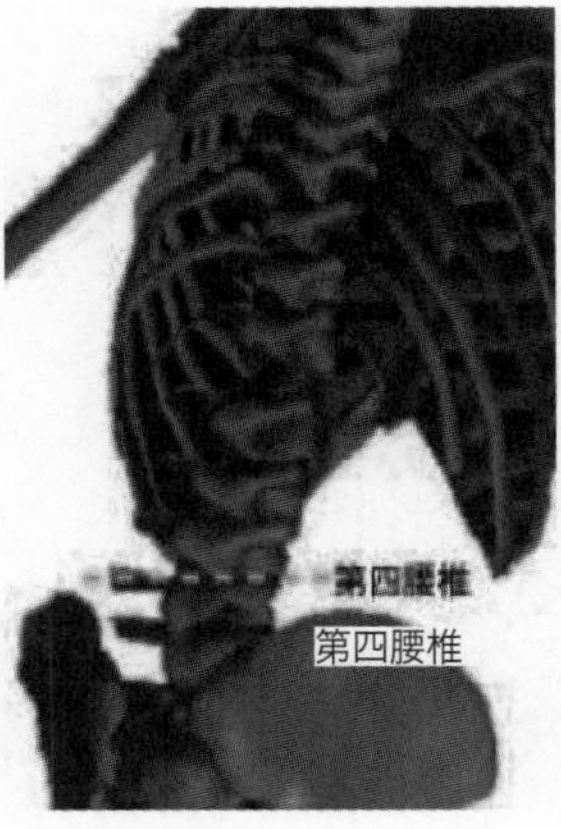

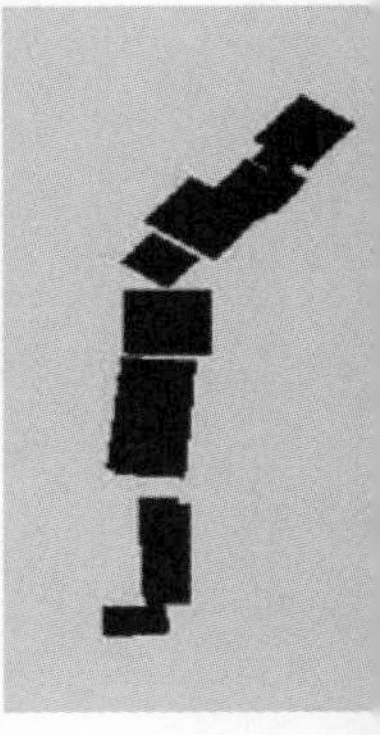

第四腰椎の確認の仕方

腰骨に手のひらをつけ軽くお辞儀、反るをしてみると一番動くところが第四で腰紐が通過するところです。

●脇の効用●

生きるものに限らず、全てのものに左と右、裏と表、後ろと前があり「背に腹はかえられぬ」のように、腹の皮が縮めば背中は伸びますが、腹側と背側は別れています。

楕円状で筒型の人の体は、前後左右でその活動機能は大きく違います。洋服であれば体の活動機能に合わせて生地やデザインを決めて布をカッティングし縫製しますが、直線仕立ての形の着物は着装法により人体の活動に対応します。

つまり着物は着付けという技法によってその都度、身体に添うようになっています。そしてその着装を守るものに紐や帯があります。

着付けで問題となるのは、前後の動きが異なる身体に、前後の形の違う着物を着て、見えない背中、後ろを纏め、その上、美を損なわず、個性を失わずに着装をしなければ

身体脇

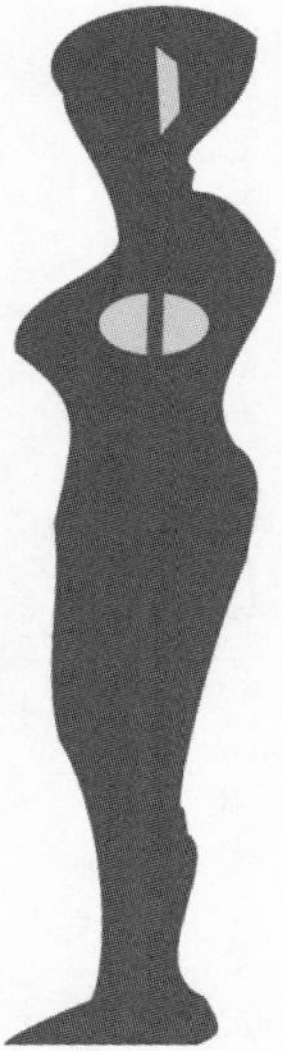

ならないことです。

そこで、前後をまとめ上げるポイントは身体の脇にあります。身体の前と後ろの境界は、腕を下に向けて下ろしたところ、腕下から骨盤、足に向けたラインとなり、紐や、帯、着物の裾合わせなど、すべてがこの前後の境界線（脇）をどのような角度でどの部分を通過するかが重要ポイントなってきます。ここの通過いかんによって良い着付け、楽な着付け、崩れない着付けが決まります。

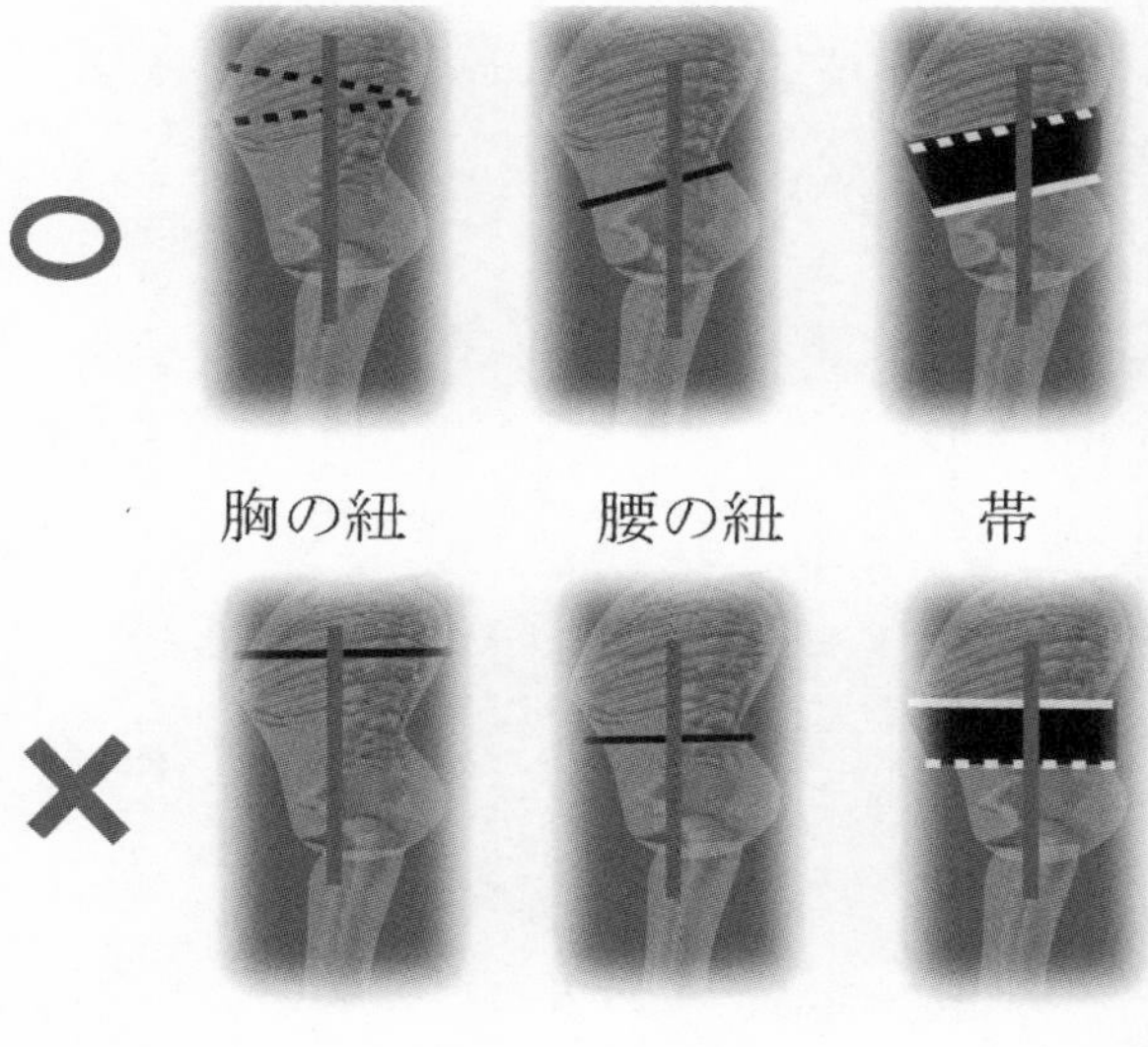

○最後に

大切な日本の民族衣装、特に現代までに伝えられ、今も愛好家によって着続けられている和服を、正しく後世に伝え残すために「笹島式骨格着付け」を半世紀かけて研究し、着付け本の出版も重ねてきました。私のお伝えする着物総論としてここに「きもの七つの徳」をご紹介し、この講の終わりと致します。

きものを着る意義（七つの徳）

1　きものを着ると、自分の存在を認識します。

現在私たちは世界共通の同じような型をもった洋服を着ています。たとえ着方に個性的な特徴をつけてもその表現は、洋服型そのものに身体を合わせる着方であり、そうした同じ型の洋服を着る生活には個々の精神的存在意識に差はないように思われます。しかしきものは、形は同じでも着る行為によって着上がりや精神的肉体的感覚もまちまち

◆一本が模様にうまる帯なれば
結んで決まる乱菊の華

です。そこに個性を秘めた存在意識が生まれてきます。

2　きものを着ると、新しい自分を発見します。

きものは着付けという行為によって着姿が変わり、心理的にもその影響は大きく洋服では知ることのできない自分の内面に気づきます。なぜなら着付けは背骨や腰の骨格と関係があり、刺激する神経部位によって心の働きが変化をするからです。きものを着る時には健康や体型を含めて自分を知る働きが生まれます。

3　きものを着ると、不思議なパワーを感じます。

日本の衣服きものは、身体を包む仕組みになっています。
包む身体は

●行動します
●感情があります
●人格があります

◆新しいきものを着るは嬉しくも
着付け次第で不安を抱く

生身の人体にきものを巻いて包む、つまり包装するには人間の骨格と行動する姿を知り、きものの形と仕組みを把握しなければなりません。

そこできものの着付け、帯の結びという行為が必要となるわけですが、本来着付け文化は、先祖代々親から子へ日本文化として受け継がれてきました。

包む、締めるという行為は骨格に添わせて行うので背筋が伸び、腰がしっかりとします。その結果、男性は臍下丹田と呼ばれる現象によって勇気や、パワーを生み、女性は優しさ、美しさを生み、日本人独特の前者は大和魂、後者は大和撫子という呼び名の精神を育んできました。

4　きものを着ると、世界中の人と仲良くなれます。

日本の衣服、きものや帯は染織分野においても高い芸術品として認められています。現代は化学繊維も多くありますが何より世界の人々が憧れる絹であること。絹の光沢や風合いのきもの姿を目にするだけで世界中の人たちは微笑みと称賛の言葉をかけてくれます。心の外交力があります。

◇人生の喜怒哀楽に涙する
晴れ着を着ても喪服を着ても

5　きものを着ると、会話が生まれます。

現代は核家族となりその上話題も少ないと言われていますが、きもの姿を見る事によって会話が生まれます。夫婦の会話、親子の会話、友人との会話、初めて合う人ともきものは会話を生む力をもっています。

6　きものを着ると、歴史や文化が見えて、その大切さを感じます。

帯は何故長いのだろう、きものの形は何故直線仕立てなのだろう、何故この巾でよいのだろうと思う時、織の組織と人体との関係を含めてその構造に感動をおぼえます。

現在に伝わる和服、帯類すべては江戸時代に完成し伝えられ、それらを着ることによって日本独特の文化と精神が育まれました。

衣服が文化をつくり歴史を守ってきたといえましょう。

7　きものを着ると、人生が楽しくなる知恵がわきます。

「健全な精神は健全な肉体に宿る」といわれています。

◆この世には野百合のような人のいる
　きもの姿のたおやかにして

きものを心地よい着付けをすると心身に不思議なパワーを感じます。顔の表情が柔らぎ周囲に好感をもたれます。すると自然に心も開き脳の回転も良くなります。そして思わぬアイデアが出て話題を豊かにしています。

✣笹島寿美の主要な著書ワーク✣

『決定版 笹島式帯結び 100 選』(世界文化社、2018 年)
『初めてでもピタッと決まる！笹島式らくワザ着付け術』(世界文化社、2018 年)
『かた結び 息子に捧げる母の祈り』(世界文化社、2014 年)
『笹島寿美の一人でできる着付け入門』(世界文化社、2013 年)
『骨格と着つけの関係ー着くずれしない着つけ』(神無書房、2013 年)
『笹島式帯結び』(神無書房、2009 年)
『笹島寿美のきもの上手は着付けから』(淡交社、2008 年)
『ひとりでも着られるはじめての着つけと帯結びー二人で楽しむゆかたのカンタン着つけも紹介』(ナツメ社、2006 年)
『おしゃれなゆかたの着こなし BOOKー着付けと帯結びの決定版』(成美堂出版 、2006 年)
『キモノを着こなすコツ』(神無書房、2006 年)
『きものと帯の組み合わせ 』(世界文化社、2004 年)
『はじめてでもできるきものの着つけと帯結びー一人で着られる・二人で始める着つけのレッスン』(ナツメ社、2004 年)
『きもの・帯 くみあわせ事典』(神無書房、2004 年)
『男のきもの 着こなし入門』(別冊家庭画報 世界文化社、2003 年)
『キモノのしたく片づけー着る前・着た後』(神無書房、2003 年)
『ゆかた美人になる本ー着たことなくても乙女ちっく 』(講談社 PEARL BOOK、2003 年)
『きもの口伝 帯のはなし 結びのはなし』(世界文化社、2003 年)
『年代・体型 別きもの着こなし術 』(世界文化社、2000 年)
『男のキモノ』(神無書房、1998 年)
『ひとりでキモノを着る本』(神無書房、1996 年)
『決定版・現代の着つけと帯結びー笹島式コーディネートの着くずれしない着装法』(講談社、1989 年)
『新しい着つけと帯結びーひも一本で着くずれしない』(講談社、1983 年)
他。

初出：『文化資本研究 1 』(文化科学高等研究院出版局、2018 年)

日本の精神文化としての着物

衰退と未来

きものの過去・現代・未来

江戸時代から現在までの時代の変化のなかで、どのようにきものが衰退してきたかを見ていきましょう。まず、江戸時代は鎖国をしていましたから、一〇〇%日本だけの時代です。このとき、日本の民族衣装であるきものは、人びとの生活のなかで日常着でした。それが、明治維新や廃藩置県が起こった明治時代になると、洋服が日本に入ってきます。大正になるとさらにモダン化して、きものの崩壊のきっかけになりました。日本の文化が侵されてきたのです。昭和は、戦争がありました。最初の頃こそきものがありましたが、終戦後は、ほぼ終わり。趣味で着る人はいました。平成になると、人びとの日常着は洋服になり、着物というと儀式で着るものになって、どんどん追いやられてしまったのです。このように、日本文化、和文化の濃度を考えたときに、きものは時代が進むにつれて薄らいできたのです。

一九六五年頃、着物を着られない人が増えて、着付け教室というものが生まれるわけですけれども、知識人には「自分の国の民族衣装を教室で習うとは何事ぞ」と言われた

◆江戸小紋背に刺繍の一つ紋
　家系あらわす日本の歴史

ような時代でした。その頃、着付け教室にはある流派がいくつも誕生しました。それは、日本の文化の謳い文句としてはとてもよかったのですが、あくまでも企業的な着付けでした。昔は、きものをただ自然に着ていたのに、企業着付けで道具を使うことによって、人間の手の動きが退化していきます。しかし、当時は女性が仕事を持つということは大変な時代ですから、着物で仕事ができるというキャッチフレーズとともに、企業着付けは全国組織としてものすごく大きく動きました。しかし、それは形だけの教室だったのです。企業着付けでは、日本人の体、そして精神を考えていなかった。ですから、これは、きものを退化させる要因としても働きました。そして、徐々に小さくなって、二〇一八年にその形が消えました。形はどこかで受け継いでいるのでしょうけれど、企業としてはなくなりました。

企業着付けが立ち上がってから、だんだん年月を重ねるにしたがって組織は大きくなっていましたが、私には納得のいくものではありませんでした。このままではきものが廃れてしまうと思ったものですから、全国組織対一でしたけれども、一九七〇年頃に私の心にきもの道へののろしがあがりました。それが骨格着付けでした。一世代三十年

◆昭和期の銘仙柄のあでやかさ
生きし女の情念もえて

と言いますけれども、見事に、この平成の三十年の間には、洋服も車もどんどん外国から入ってきて、日本文化がさらに侵されました。高齢化と温暖化が進み、ネットの世界になった今、きものは失われてきたのです。そして、令和を迎えたと同時にコロナの時代へ。これから世界はどうなっていくのでしょうか。ひとつはグローバルですね。もうひとつは没個性。その間に未来があります。そこに、きものの精神文化があるのです。不安なものがないということではありません。今の時代、手を伸ばせば何でも手に入ります。ものがあふれているのです。では、何が欠けているかというと、わたしたち全員が精神不安だと思うのです。ですから、そこに精神文化というきちっとしたものが、頼れるものがあればと思う訳です。なぜ、人びとは不安なのかというと、自分の国の文化をしっかり持っていないことがひとつにあるでしょう。今はグローバル化の時代ですから、外国の方と会話することは日常茶飯事になっています。日本の文化とは何かと聞かれたときに、あなたは語れますか。語れるものがあるでしょうか。

早稲田大学で講義をしているときに、学生さんたちに話すことがあります。これから海外にでるときには、日本の何か、帯の結び方のひとつでも覚えておくとよいですよと。きものは日本の国旗と同じくらいの力があると思うのです。自分の国の文化に自信を持つことが、没個性のなかで個性をつくっていく。自信の持てる個性ができると、自分で何かをつくっていくという、自己生産、前向きな姿勢が出ると思うのです。二〇二〇年とは、氷河期のような時代、つまり原始時代ですね。どうしたらよいのかわからない。私は、ビルは大きな森林だと思っていますし、車の流れは川の流れのように、海の音色のようにと聞いているのですが、いつもそう感じるようにしているのです。ただ、氷河期だからといって、ただ佇んでいるわけにはいかないので、どうしたらいいのかとなったときに、グローバルと個性というこの二輪車をどう走らせればよいのかなと思うのです。

個性がうまれることとは、私は、明治、大正、昭和という文化の滝登りだと思います。魚が成長して卵を産む為に、あの苦しい中で、水が多ければ多いほど高く昇る。文化の滝登りをしなければいけないのではないでしょうか。そうすることによって、この二輪車の、グローバルの車と個性とが、一寸法師ではないけれども、世界のグローバルという船に乗っていく。これが未来という道で、荒波はあるでしょうけれど、いかなければならないのです。そういうときに、なぜわたしたちは衣を纏うのかと改めて考えます。

別に裸でもいいわけです。裸は裸なりの文化がありますけれども、衣は人なりと思っていますから、人が生きていく為には纏わなければならない。衣服を着る意義というものを考えたときに、衣は人を作ります。着装法に、つまり、どうやって着るかによって、人の心が左右されるのです。そこで、私が辿り着いた骨格着付けでは、衣と生体の交わりがあり、その交わり方によって精神が生まれるのです。

着物を知る

きものと洋服の違いをみていきましょう。反物はきもの一枚分ですが、これは接ぎ合わせていません。きものの幅であれば、それを組み合わせて接ぎ合わせて作ってもいいのではないかとお思いでしょうが、それは違うのです。一枚のきものがどのように形作られるのかを考えると、私は日本人の知恵、昔の人の叡智というものはすごいなと、毎回きものを着るたびに思います。これはすごい財産だったのだなと。自分のわからないことを私はきものを方程式にして考えるのですが、一反はおとなのきもの一枚分です。

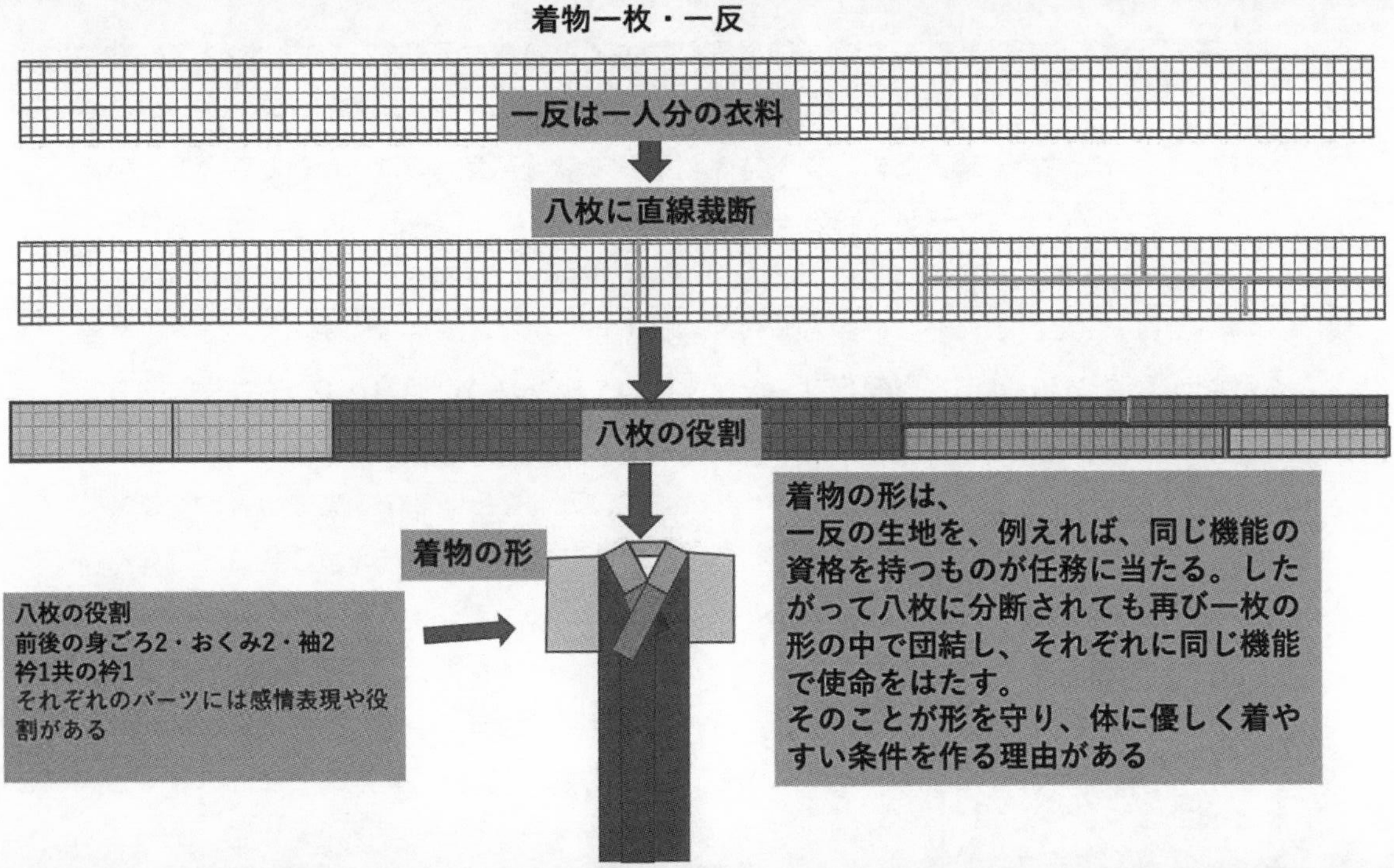
着物一枚・一反
一反は一人分の衣料
八枚に直線裁断
八枚の役割
着物の形
八枚の役割
前後の身ごろ2・おくみ2・袖2
衿1共の衿1
それぞれのパーツには感情表現や役割がある
着物の形は、
一反の生地を、例えれば、同じ機能の資格を持つものが任務に当たる。したがって八枚に分断されても再び一枚の形の中で団結し、それぞれに同じ機能で使命をはたす。
そのことが形を守り、体に優しく着やすい条件を作る理由があるこれを八枚に裁断します。直線裁断ですから、どこも曲がっていません。前後の見ごろ2、おくみ2、袖2、衿1、共の衿1です。この八枚がきものになるわけですが、どこにも無駄がないのです。八枚に裁断されているだけで、きものの形として完結します。

一旦ばらばらにされても、同じ素材のものがまた繋がってまとまることによって、そこではじめて体の動きに対応出来る形になっていく。だから、今はミシンや機械ですけれども、日本の手縫いというのは、直線仕立てでもちゃんと縫い合わされて、その糸目と空間のところでは、行動する人間の力が、布にかかった力がぬけていくのです。同じ一反の反物だったら、裁断してまた縫い合わせると、体の動きに沿って何の無駄もなく動いてくれているということ。一枚の布を直線に切って縫い合わせるだけで、これを作りあげてしまうというこの凄さ。わたしはただただ、昔の人に頭が下がるだけなのです。

これが、違う素材、例えば、シワの出来方や伸び方の異なる素材のものを組み合わせてきものを作ったとしたら、形はできますが、それぞれの布の性質がありますから、性格の違うもの同士が仲良くしろと言われても無理があるように、それはできないのです。一反のきものは一枚の同じ布でつくられなければいけない。糸の質や織りの組織の違う二つの生地で直線型の着物を作ると、身体の動きに対して生地が協調しないので着にくいきものになります。違う布で作っても、形にはなるけれども、やはり着にくい。体の動きにそっていく部分とそっていかない部分、言うことをきかない部分がでてくるのです。きもの一枚が一反の布でつくられているということの凄さを感じずにはいられません。

きものは骨格形成を表す

わたしたちは体よりも大きいものを着ています。身体のサイズより大きいきものや帯は、包む、巻く、締めるなどの行為で着用します。その方法に各ポイントがあります。ここで、わたしたちの体をみていくと、人間が生きているということは、骨格に肉体がついているわけですから、肉体も衣服なのです。肉体は骨の衣服ということができます。その肉体の動きに沿うようにきものの生地はできているのです。ですから、きものの生地は、あのいわゆる一尺幅、四〇センチ弱前後の尺骨幅で作られているのです。それを縫い合わせて、きものは作られています。私は一寸という数字が好きなのですが、一寸は三センチ八ミリ。じゃあ四センチにしてもいいのではないかと思われるでしょうが、その二ミリの差が、きものにも微妙に違いを生むのです。きものを着付けしていると、人間の弾力、筋肉の弾力と、きものの弾力が計算されているのを感じます。そこで、きものは骨格をあらわすのだということを、私は着付けを実践するなかで、全てに納得できたのです。

和装の仕組み

ここで、和装の仕組みを見ていくと、肌襦袢から上に着るものまで、大小直線形状の物を重ね着するわけですが、大小も違いますし、素材も違います。形的には、全て骨格に添う形です。肌襦袢と裾除け、腰巻きというものがあります。その上に、長襦袢を着ています。それは、男性でいえばワイシャツのような役割でしょうか。この上にきものを着るわけです。しかし、きものを着ればこれで完成か、これで外に出られるかというとそうではない。これでも未完成なのです。これに帯を巻くことによって、はじめて完成します。

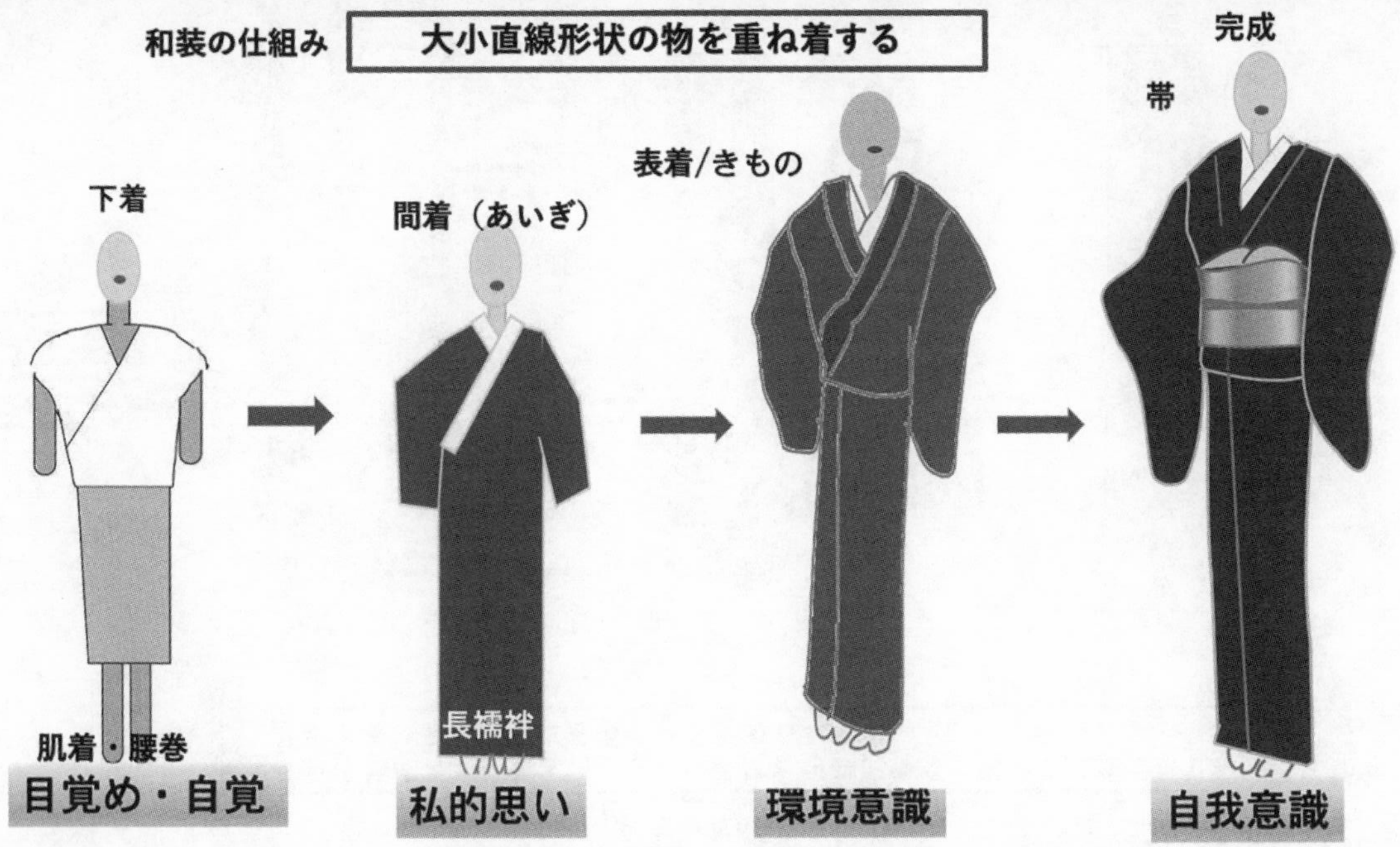
和装の仕組み
大小直線形状の物を重ね着する
下着
肌着・腰巻
目覚め・自覚
間着（あいぎ）
長襦袢
私的思い
表着/きもの
環境意識
帯
完成
自我意識

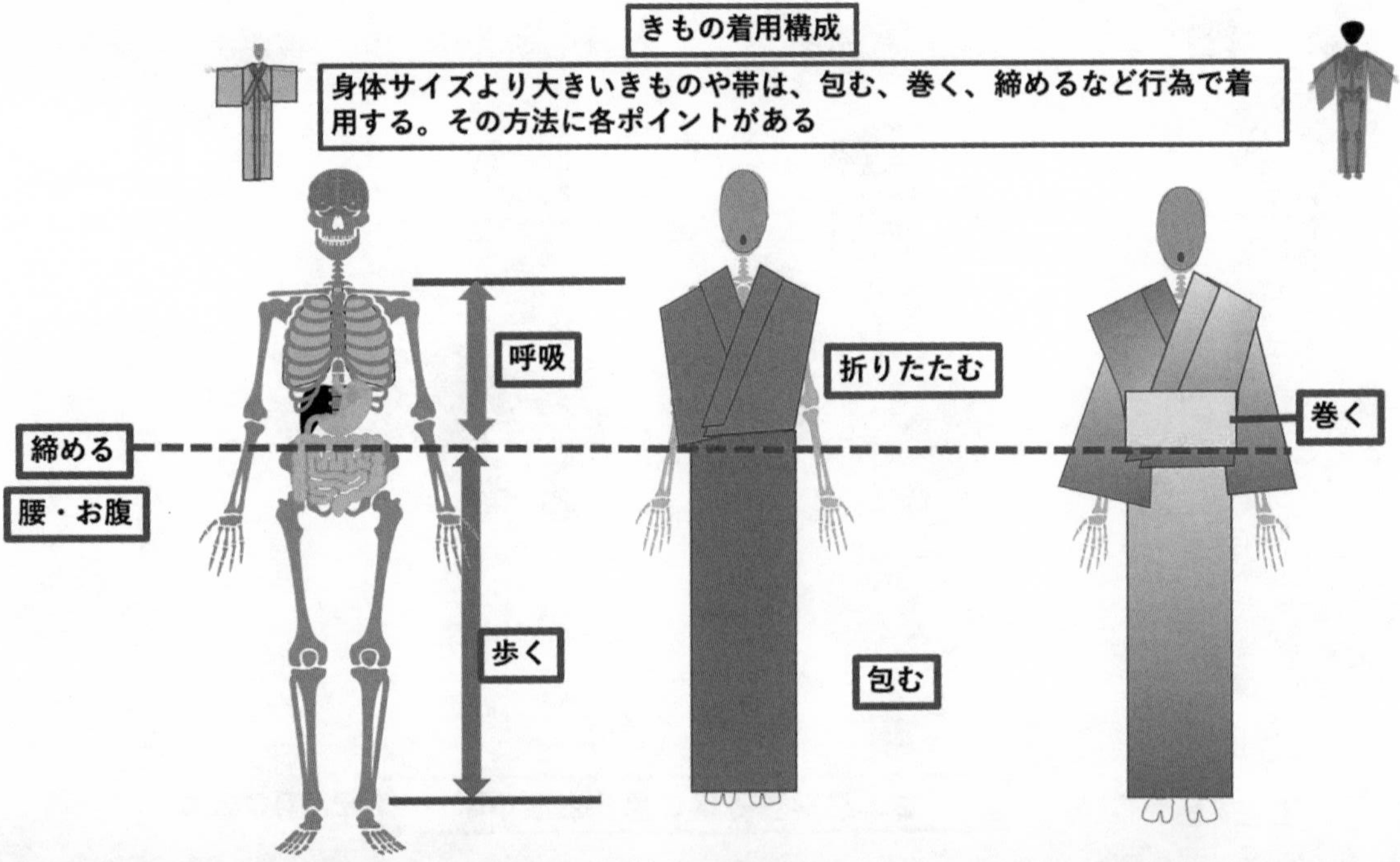
きもの着用構成
身体サイズより大きいきものや帯は、包む、巻く、締めるなど行為で着用する。その方法に各ポイントがある
呼吸
締める
腰・お腹
歩く
折りたたむ
包む
巻く

心情的には、自分は今日はきものを着るのだという自覚があります。それから、赤いのを着ようかしら、紫を着ようかしらと考えるわけです。下着、肌着、腰巻、間着（あいぎ）である長襦袢。長襦袢は私的思いです。人様には見せるものではないけれど、自分だけでうふふと、女を楽しむ、味わう、私だってと楽しむもの。きものを着る女性にとっては、うふふの世界なのです。それで、きものになったときに、環境を考えます。こういうところに行くからこれでは派手かな、いや、今日は華やかにしようかしらと、環境を意識するのです。そして、次に帯。人間には、氏名というものがあって、氏と名前がありますけれども、帯をしないきものの段階では、名前だけがあるようなもので、社会には出られません。きものだけでは、山田花子でいえば、花子ちゃんなのです。帯をすることによって、私は山田家の花子でございますと社会に向かっていける姿になるわけです。このプロセスの中で、社会に出られる自分に装って、自分を作り上げていきます。

もう一度繰り返しますが、きものを着るということは、まずは骨格を意識します。体型の違い、お腹が出ているか出ていないかというその肉付きですら、もとは骨格なわけ

◇衿合わす襦袢の色のあざやかさ
心思いを隠していたり

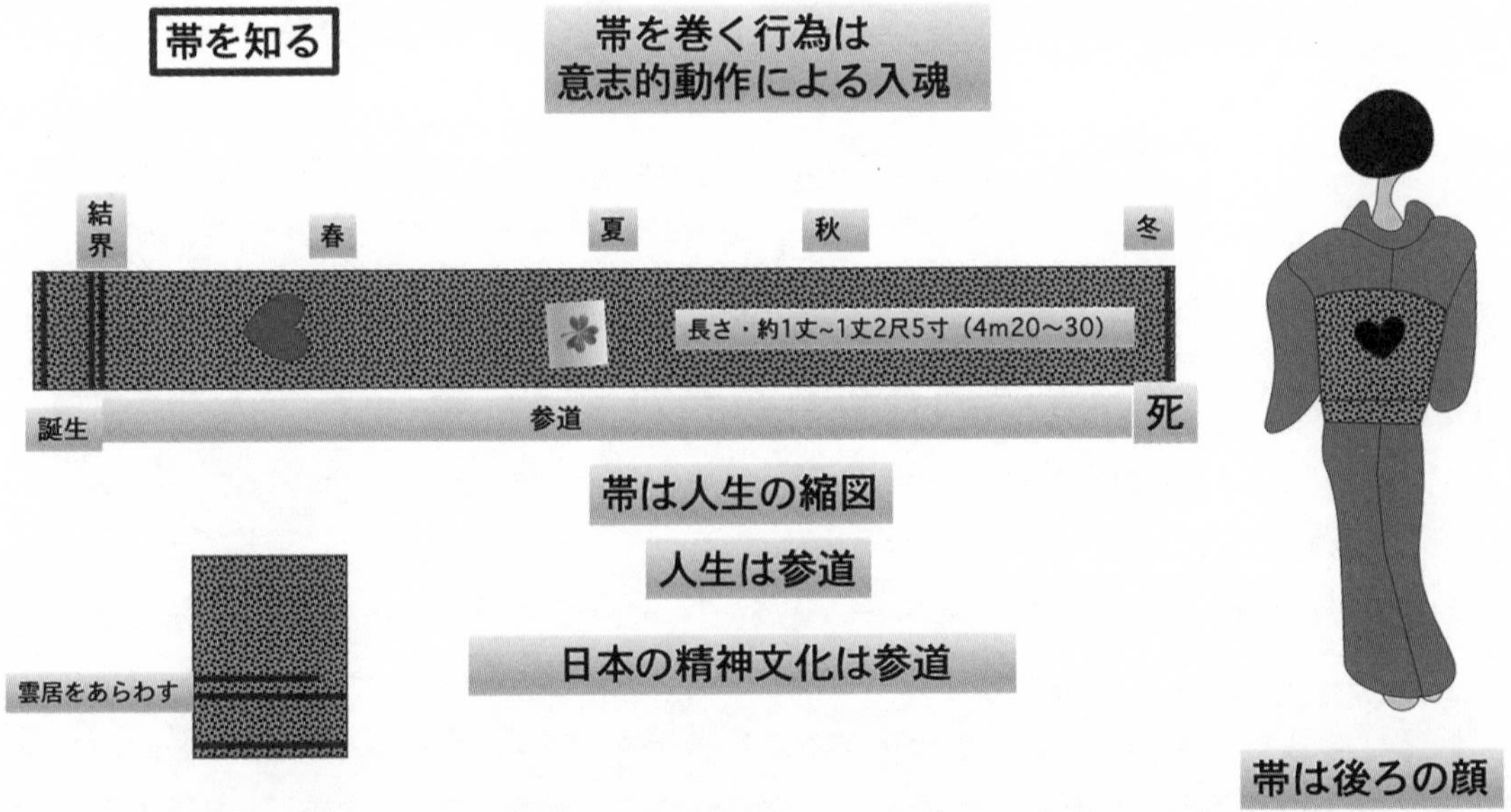
帯を知る
帯を巻く行為は
意志的動作による入魂
結界
春
夏
秋
冬
長さ・約1丈~1丈2尺5寸（4m20～30）
誕生
参道
死
帯は人生の縮図
人生は参道
日本の精神文化は参道
雲居をあらわす
帯は後ろの顔

です。それで、下半身は歩き、動かなければいけませんから、下の長い裾野の方は包むような着方をしているのです。上の方は、胸骨には神経がたくさん通っていますから、苦しい所です。呼吸をしています。だから、呼吸に差し支えない、折り畳む形の着方をしています。それで、帯で山田家の花子でございますと。きものを着ることによって自分の意志をしっかりまとめていきます。

これがきものの着装ですけれど、一律言えるのは腰なのです。腰で全部まとめているのです。この位置を守ることが着物を着ることのコツになってくるのですが、私たちが、これはコツというコツは骨ですよね。また、きものを着ることでその山田家の花子として社会に出て行くためには、帯をしなかったら、どんなに高級なきものを着ていても表には行けない訳です。花子ちゃんのままでは外に出られませんから、帯をしなければいけないのです。帯を巻く行為は、意志的動作による入魂だと思っています。自分の魂、精神をしっかりまとめることなのです。きものは環境意識だとしたら、帯は自我意識なのです。

帯を知る

まとめるだけではなくて、後ろも見事に帯がまとまっていると、帯は後ろの顔になります。親の背を見て子は育つという言葉がありますけれども、背中は言葉がなくても人生観が出るところですから。前は化粧をしたり、着飾ったりと作った表現はできますが、後ろはできません。きものを着る人間は、しっかりと帯を選びます。ここで帯をみていきますと、一本の長い帯には、織り出し線があります。ただ単に線があるわけではありません。あってもなくても帯なのですが、でもそこがまた違うところで、線があり、模様があって、前のところには前柄の模様が出てきます。それを巻いているわけです。

以前、曼荼羅の絵の中に橋があるのを見たことがありますが、その橋の入口と出口に鳥居があり、その間に春夏秋冬があって帯と重なったのです。そこから、帯の謎解きのようなものが始まりました。私は、この二本線は結界の印だと思うのです。結界でも二本きっちり揃っているものと揃っていないものがあります。揃っていないものは博多帯に多いのですが、雲井をあらわしている。これは鳥居のようなものですね。ですから、帯は、いわゆる誕生から始まって死ということ。それは参道であって、帯は人生の

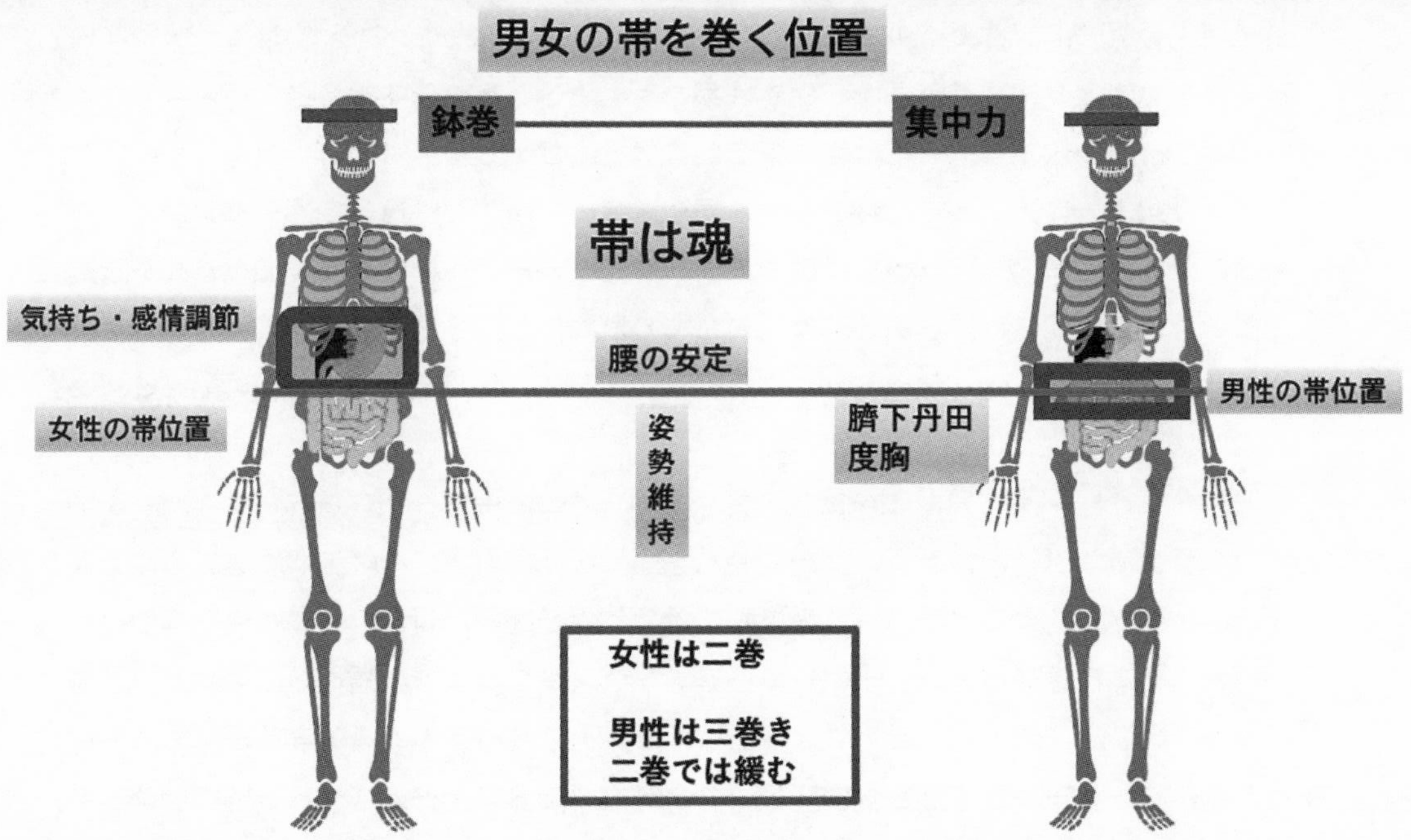
男女の帯を巻く位置
鉢巻
集中力
帯は魂
気持ち・感情調節
腰の安定
女性の帯位置
姿勢維持
臍下丹田
度胸
男性の帯位置
女性は二巻
男性は三巻き
二巻では緩む

縮図だと思うのです。人生とは参道。参道というのは日本の独特の文化なのではないでしょうか。明治神宮でもそうですが、本殿まで行くのに、何でこんなに遠いのかと思いますよね。今でこそ整理されていますが、昔は山をよじ上ってまで本殿に行ってお参りするわけです。目の前にぽんと置いてくれればよいのに。でもやはり、参道があることは自分の精神を整理していくことだと思うのです。あれと、あれと、あれをお願いしようとか、それでぱんぱんと柏手を打つ。それが線の印だと思っています。

男女の帯を巻く位置

ここで、女性と男性の帯の違いを見ていきます。女性の帯の位置は、胸にかかる幅を腰から上に、男性は腰のところです。女性は胸の位置ということは、気持の方なんですね。女性は気が強いのですけれど、その気が胸のところなのです。人は、不安なときにお腹を抑えることはしませんからね。それは若い人も同じです。歌舞伎を見ているとよくわかります。私のような年のものが、あら恥ずかしいと胸を抑えたらおかしいわけですけれども、若い人たちやお姫さまのような人は胸をおさえる。要は不安な状態ですね。年をとってくると男性のように帯が下になるのですけれども、若い人は胸のところを帯でもって抑えると、精神も気持も変ってくるわけです。

男性の方は、臍下丹田ですね。昔の武士やお相撲さんの回しも臍下丹田です。大衆の面前で勝負出来る度胸が出来るのです。ですから、回しが上手く負けない時は、作戦も狂うのかなと私は見ています。お相撲さんは、三度巻いています。男性の帯は三回なのです。それは物理的にも精神的にも全てにいえることですけれど、この位置を三回巻くことによって、姿勢を維持するわけです。帯の幅は、江戸時代末期には広くなって、女性は二巻き。女性の帯は装飾的なものですし、気持を抑えるものですから。男性は三巻きですが、二巻きだけではお腹は締まらないのです。物理的に動いただけで緩んでしまいますから。不思議なもので、三回目に入ると緩まないんですね。だから、なんでも、一二三という数字。それこそ、何でも勝負するときに、一、二、三という、三度の数字と人間の呼吸はすごいなと思っていつも帯を巻いています。そういうこともあって、私にとっては、「帯は魂」と言い切れるのです。

まとめますと、人間には三箇所の大事な場所があります。頭は鉢巻きで一回巻きます。

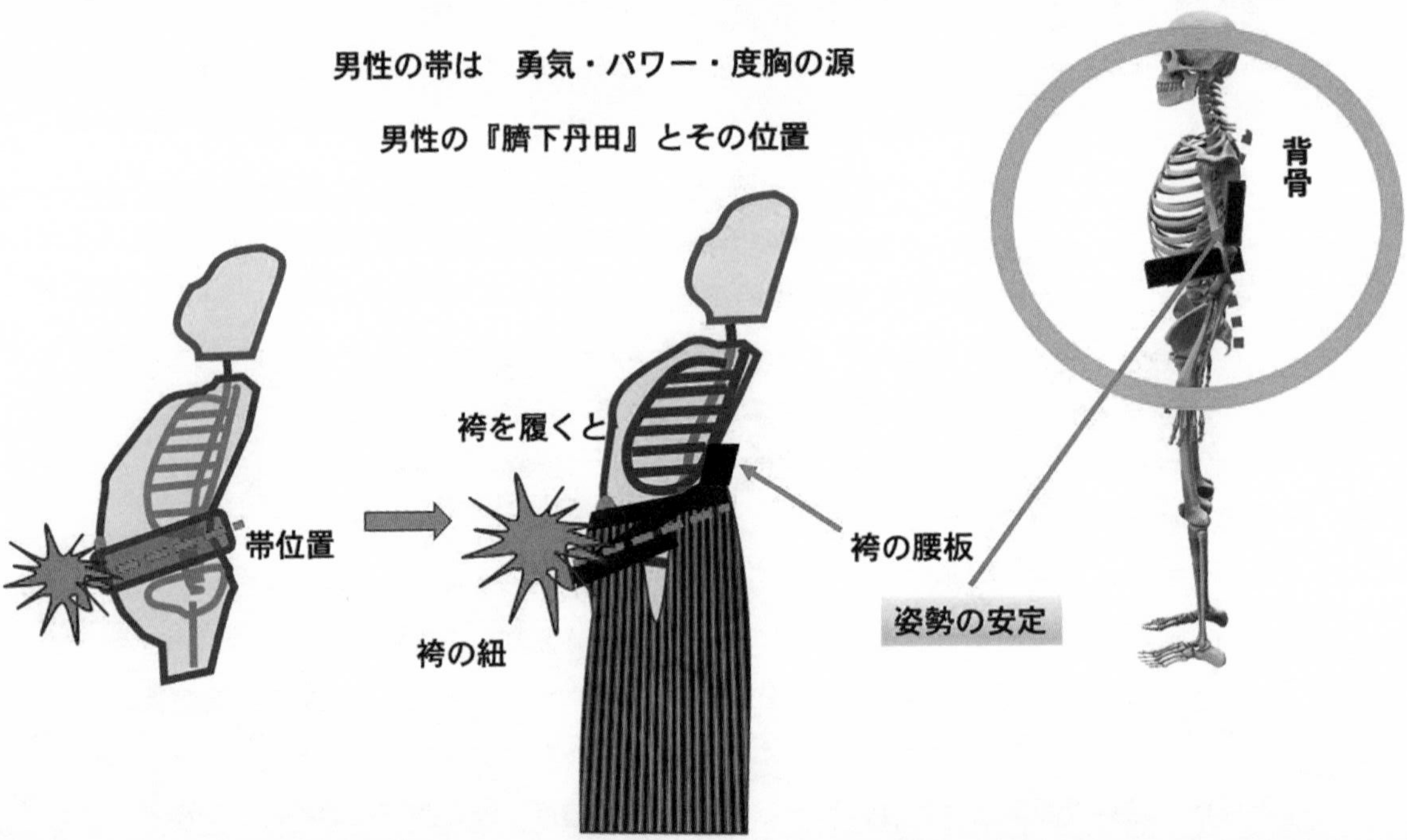
男性の帯は　勇気・パワー・度胸の源
男性の『臍下丹田』とその位置
背骨
袴を履くと
帯位置
袴の腰板
袴の紐
姿勢の安定

胸は帯で二回巻く。お腹の帯は三回です。下に下がれば下がるほど増えていくわけですが、上からいうと一二三。頭を締めて集中力。胸を締めて不安を抑える。精神統一。気持を抑える。それから、お腹を締めて度胸がつく。そういう構図です。締める場所によって人間の気持ち、精神のコントロールができる。それはすごいなと思っています。

男性の帯は、勇気・パワー・度胸の源。袴には面白いことに、腰板という後ろに固い板があるわけですが、これがどういう意味を持つかというと、骨格の骨というのは背中がS字型になっています。第四腰椎のところで帯を巻き、袴の腰板がそこに乗る訳ですね。それでS字型の姿勢が安定するのです。だから、弓道をする方は姿勢を良くして、構えがよいと弓の威力が違うように、昔は、着ているものが人間を作っていたと思うのです。男性は臍下丹田が帯の締め所です。お腹の骨格と角度ですけれども、おへその下の辺りに帯の上の端が通ればよいのですね。後ろは第四腰椎。ここは、手の平を腰につけて、おじぎをすると一番よく動くつぼです。布を巻いたときにここを締めておけば、体の動きに沿っているので、きものも崩れて動かないのです。大体斜めになりますが、この角度が臍下丹田の通る道になります。

江戸時代、武士は袴でした。袴を履いた場合、帯の上からまた袴のヒモが前紐、後ろ紐になりますから、特にお腹はものすごく締まります。ですから、「武士に二言はない」という言葉は、きものを着装することによって生まれた日本人の精神だと思います。要は、度胸をつけるということの意味が、袴の紐の効力にあるわけです。帯一本のときよりも、袴のときのパワーは強いですね。よく、「腹で勝負する」、「腹黒い」、「腹を割って話す」と言いますが、腹という言葉は、帯を巻いてきたからこそでてきた言葉だと思いますね。武士が袴をはくことによって、帯を巻くことだけではなくて、紐で何度も締めるわけですから、武士に二言はないということなのでしょう。

昔も今も、男性はカンガルーの子どもだと思うのです。お母さんのお腹の中に入っていたい精神をどこかで持っている。でも、仕事場に出て行く男性は、勝負。いつも戦争しているようなもの。本当は、嫌なことがあったら、怖いことがあったら逃げ出したい精神は、今も昔も変らない。でも、逃げ出さずにいられたということは、この臍下丹田に帯を締めて度胸を持っていたと思うのです。だから、私は強い男性にしたかったら、年間で優秀だった社員の方には、袴一式を送ってあげてくださいと、昔は言っていたのです。

骨格着付けの仕組み

日本の民族衣装であるきものは、着て完成、脱いで未完成なのですけれども、着付けという行為が必要になってくるわけです。世界の人びとに、どなたに対しても、骨格というものに気付いたときから、骨格着付けと言えるようになりました。

骨格着付けの仕組みは、肉体は骨格の衣ですから、きものは骨格に添う形態を持つということとです。きものの生地は斜め方向に伸縮しますから、人の皮膚(表皮)に似た織物組織を持っていると言えます。骨格の位置に沿わせたら、あとは骨格の動きに添うだけです。日本舞踊、特に歌舞伎は、どんなに動いて踊っても、骨格が戻れば戻ってきます。その骨格の線に縫い目があるので、背縫いとか脇ですけれども、ズボンにも脇に縫い目がありますね。その縫い目は骨を表しています。その縫い目がなければ、着づらいと思います。着物はとくに、皮膚が斜めに伸びるのです。骨格に沿って止めれば、後はどんなにねじって逆立ちしても、骨と一緒に動いていれば、戻ってくるのです。ですから、着付けという行為によって、着にくいものにしてはいけないわけです。そこで、体の自由、着やすさを追求するような着付けをしなくてはならないのです。私たちは二足歩行の動物でものすごく腰に負担がかかっていますが、帯や紐は全部腰の位置で締めているわけですから、決して苦しいものでもないのです。

骨格着付けは、身体の自由を守る着付けです。身体より大きなもので腰を包む行為は、前は腸骨、後ろは第四腰椎位置を紐で止めて、姿勢を正しくします。また、衣服が安定し、二足歩行の腰の負担を軽くします。胸の衿元をまとめる行為は、神経細胞が集中する胸の位置のための楽な仕組みなのです。

着付け

自装とは、自分自身で着付けをする自己表現です。それに対し、他装とは、着られない人に着付けをすることで人柄を表現する責任があります。今は、男女が手を繋いで歩ける時代ですし、自分で着なさいとご主人にも、子どもにも言う時代なわけですけれども、昔は、男性でないと出来ない役割、女性でないと出来ない役割があったのです。江戸時代は男女で距離がありました。では、どこでご主人に接触できたかというと、着物を手入れするときでした。また、帯をちょっと直してあげる、羽織を背中からかけて

◆見えぬ背に骨格たよりに結ぶ帯
　その人柄の美しさあり

あげるといったスキンシップによって、衣を見れば全てがわかるわけです。暗黙のうちに、きものが全てを物語っていました。そういう意味で、人に着せてあげる場合は、相手をちゃんと観察して、責任を持たなくちゃならない。そこで、技術を磨かなければならないわけです。

昔は、少々緩んでいた着方でもよかったわけなのですけれども、現代社会で、洋服のなかできものを着なければいけない時代では、非常に技術が問われます。そこで、そうなったときに大変になると思って、ただただ、この骨格着付けを追求してきました。この行為によって、衣服と生体の交わりがあります。そこに、心身に快適な現象を生むということがあるから、着付け技術とは製作技術と置き換えて、気持ちよく、自分を育て、人を育てることなのです。花を綺麗に美しく咲かせようと思ったら、それなりの手入れが必要です。きものを着て、良い精神状態でその人柄を表す為には、技術が必要だと思っています。

人間は、何でも簡単な方がいいんじゃないかと思うわけですけれども、とんでもない。面倒でもそれが役に立つのです。いい花を咲かせるのであれば、誰かの命を楽にさ

◇腹に帯締めて精魂こもりたり
義太夫語る上下姿

せてあげられるのであれば、まして、自分のもとに返ってくるわけですから、自分をより美しく表現できるのであるならば、自分をよりそれらしく表現できるものには、多少の技術のプロセスが多くても、受け入れられるのです。着付とは製作技術で、人は自己意識と存在を高めるためには簡略を望みません。困難でも、高度な技術を受け入れる。

笹島式着付けは、感性、人体機能、人格表現です。骨格着付けの行為によって衣服と生体の交わりがあり、心身に快適な現象を生みます。衣と生体の交わりによる快適現象は精神に大きな影響を及ぼし、精神は衣服を纏うことによって、成長と進化があります。よって、骨格着付けは、人格形成に現れ、日本文化を守る要因となると思うのです。着物文化保存のためには、着付け技術伝道者の会が必要だと思っています。

着装効果

これまでの話をまとめますと、肉体と精神は、自然界の気象によってその状態も変化するように、衣の着装方法によっては、気力がみなぎり、豊かな精神状態(愛)を生むことができます。したがって、快適な反応を生むために骨格着付けが完成し、その行為によって、衣服と生体の交わりが心身を一体化させるのです。自己意識を持って文化の恩恵を知り、守り、伝えること。着付けは大切だということを、わたしは五十年やってきましたけれども、年月が経てばそれでいいというわけではありません。これをやらなかったら、伝えなかったら、着ることだけでは廃れていくなと。飾り物だなと思います。日本人の文化の真髄というのは、きもの抜きには語れないと思っていますから、この技術の保存は必要だと思っています。

わたしのところに勉強に来る方で、夫婦喧嘩をして、もうあの主人についていけないから、腹立ちまぎれできものを習いにきましたという女性が多くいます。それが、理論が通った技術を身につけ、自分を表現できて自分に自信を持ってくると、腹がたつような言葉でも、腹がたたなくなっているのです。女性が自分を美しく表現出来ると、家が和みます。ご主人も、きものを身につけている奥さんを連れて歩きたいと思うようにもなるはずです。そういう効果もある。並な言葉ですけれど、愛が生まれるのです。

何かひとつ文化をしっかりと持っているという強さ。みなさんが、何かひとつ語れるように、そのお役に立てればと思います。

初出：『季刊 iichiko』no.150、2021年4月

笹島寿美の
きもの詩

◉帯結ぶ指の力はなけれども　我が身についた技は枯れずに

◉力つく腹に三巻きの男帯　背筋のばした凛々しき姿

◉背の帯の形見ようと鏡見る姿勢良ければ老いを忘れる

◉意志まもる好みの柄で決める帯　自信持って背を向ける

◉目的にあわせて選ぶきもの帯　心に問へば色決まりたり

◉思い出は帯の柄にもしのばれる　君が選びし木蓮の花

◉幸福の出会い求めてきもの着る　はやる心を帯で締めたり

◉若き日は帯巻く位置を高くする　初々しきは胸のあたりか

女の生と帯結び

一九七〇年代、東京は港区赤坂。そこに大劇場のようなキャバレー「ミカド」があり歌や踊りのレビュウが毎日行われていた。そこで私は着付け担当の仕事についた。一ヶ月おきに日舞と洋舞が休み無し三六五日ある。人気のゲスト歌手が一ヶ月、あるいは数週間出演する。出番の多い主役のゲストは舞台の袖や奈落で着付けをする。一分〜二分前後の間なのでちょっとでも躊躇すると良い着付けや結びはできない。無の精神状態と呼吸を歌手と共有し毎回が同じでも慣れは許されない。一期一会的である。互いに良い結果になると舞台では自信満々に歌う声が流れて気持ちよく聞こえてくる。初日は出演者、裏方、関係者全員が緊張。楽屋裏は無言のキリキリ状態。しかし三日目になると全てが安堵。話し声も高く笑い声も響く。とはいえ仕事中は絶対に気が緩まない。そんな舞台裏の仕事は楽しかった。

そうした中、平べったくて何の仕掛けもない長い帯が、その時の心がもろに現れることに驚いた。長い帯は生き物だったのか。私は帯に魅せられた。結びに興味を持った。後ろ姿に心を感じた。その想いは私の心身を強く包んだ。そうした心はやがて爆発。その現象で手に持った武器は黒のマジックペンだった。右手にペンを左手に色紙、目的のない旅のようであった。

そして五十数年がすぎた今も帯への興味は続く。長い年月を要したが、日本の着物と帯は陰陽世界の文化だったかと思うようになった。

01 休める女

ショウの着付けの時、ゲストは小柄な三十代の歌手だった。日本髪姿に角出し結び。その後ろ姿は美しかった。休憩時間の時、帯を結んだ背が一瞬傾き弱々しく見えた。少しの間、歌手ではなく一人の女を垣間見た思いがした。

◆愛される時代結びの『角出し』は
　　　　　離れて解ける粋な仕組みに

02 おしゃべり

まあよく喋る。あたりの空気を構わず何が嬉しいのかよくはしゃいでいた。よく昔の人は言った「女三人寄れば姦しい」と。

(女結び・左から吉や、角出し、矢の字)

◆きもの着る集いとなれば春もどき
　百花繚乱お喋りやまず

03 花魁

歌舞伎「助六由縁江戸桜」を見た。勢揃いする前結びの遊女たちは華やかな衣装。助六の恋人花魁の揚巻。花魁道中では豪華絢爛、最高位を表す大きな帯の俎板（まな板)」。その形はお相撲の化粧回しと同じである。遊女の世界にも格付けがある。遊女の結びには他に「あんこ結び」がある。また、隠居の身の女性と江戸時代制度では戸籍を持たない遊女と坊主、そして囚人は前で結んでいる。

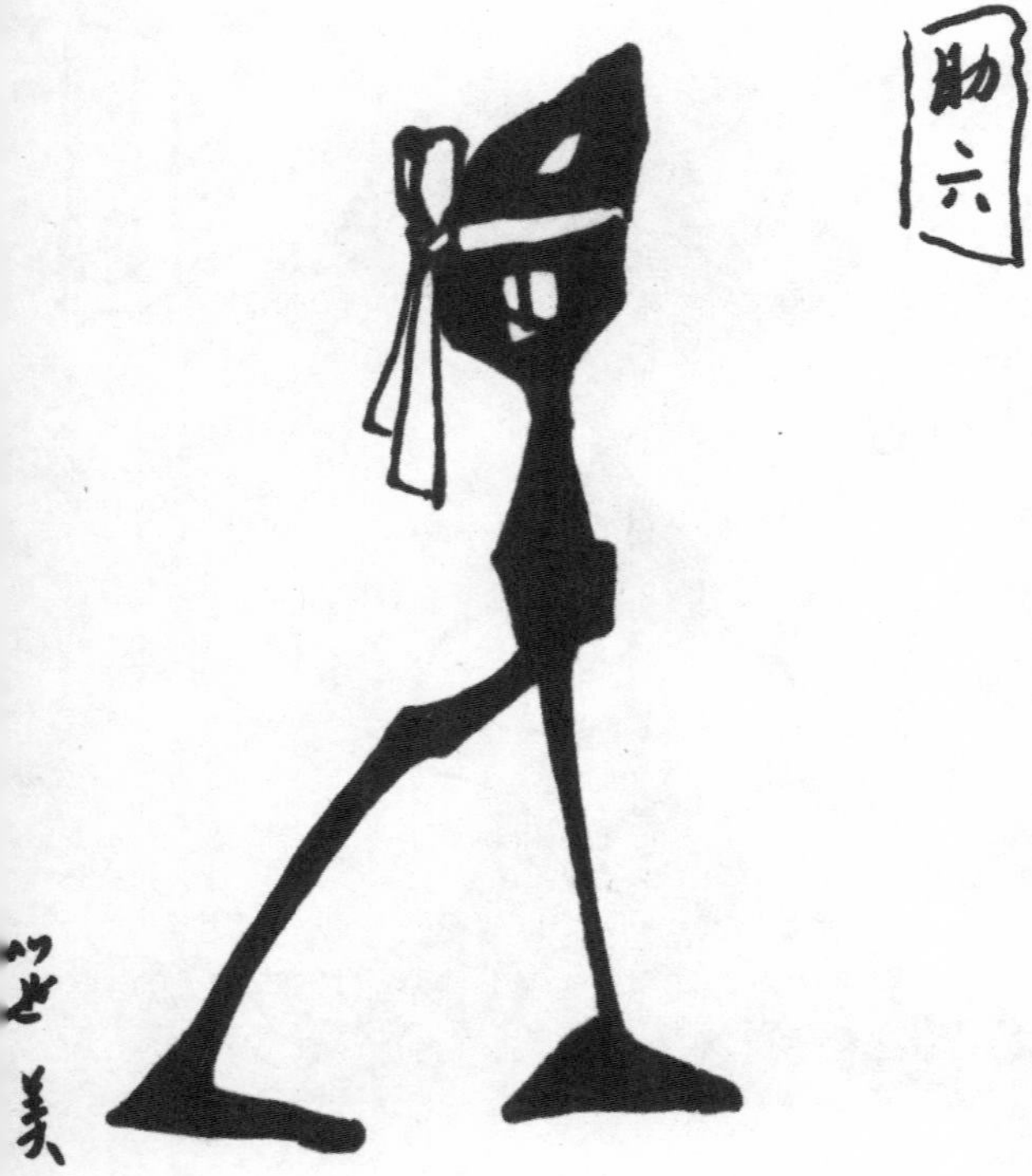

04 助六

紫の病鉢巻きといえば頭の右側に結ぶ。一般は左側だが助六だけは右側に決まっている。

右脳の特徴の一つに動物的直感力があるとありますが、助六の性格は右脳が強かったのかもしれない、などと勝手に思っている。

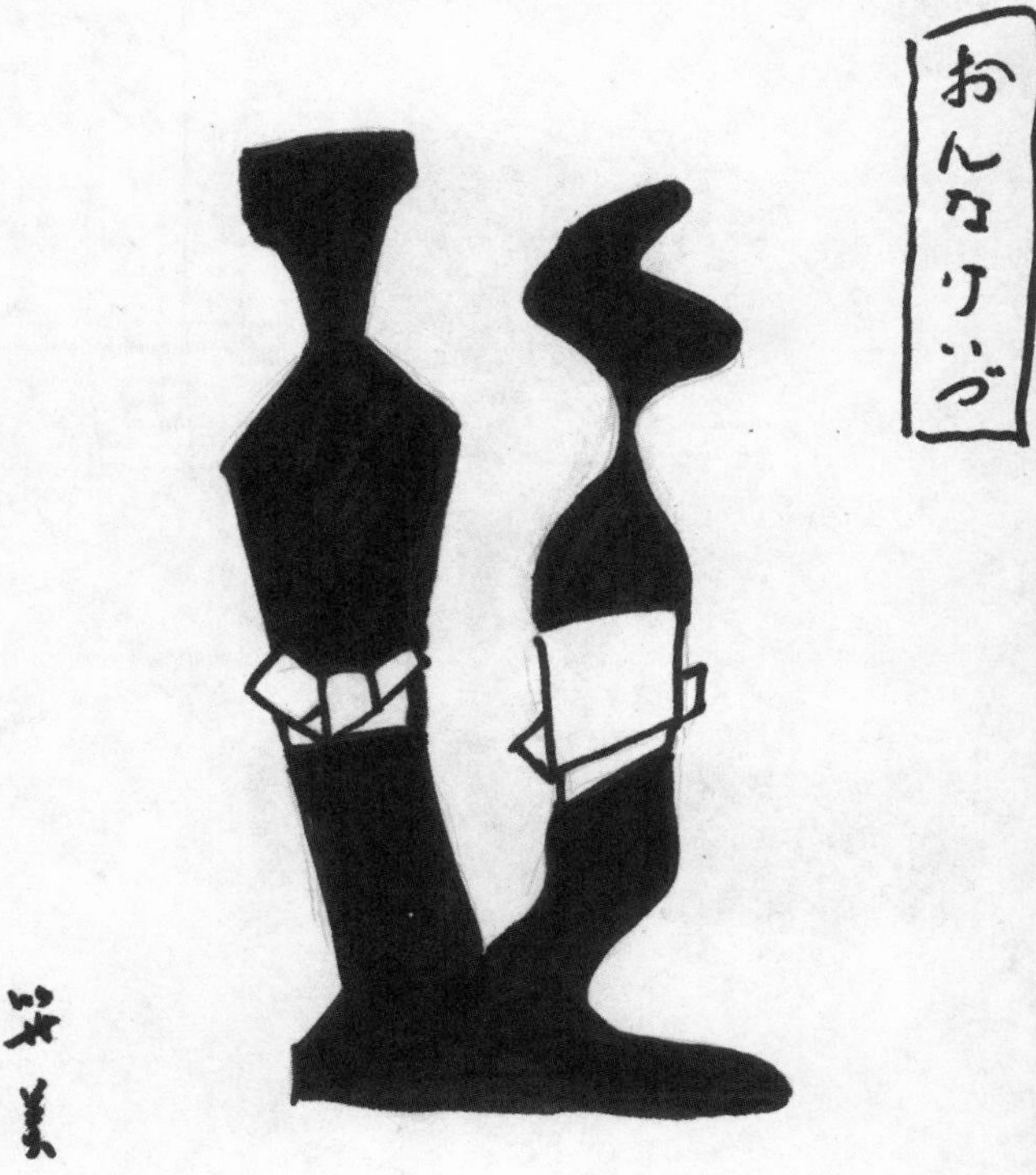

05 湯島天神

新派の演目に泉鏡花作、婦系図がある。初代水谷八重子が演じたお蔦の後ろ姿は美しく、大きく結んだお太鼓が忘れられない。(男貝の口結び、女お太鼓結び)

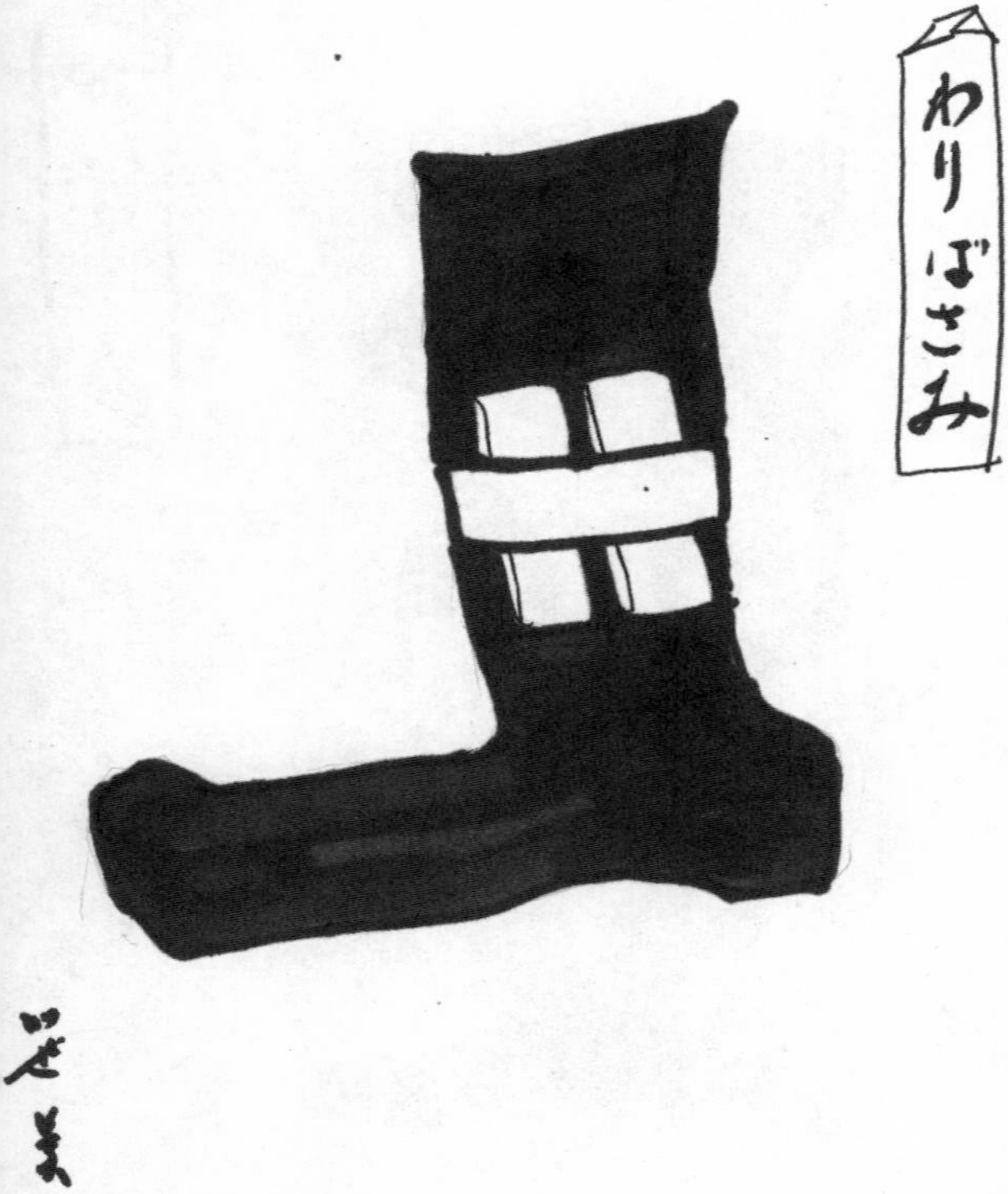

06 男の足

赤信号で男が立ち止まった。大きな靴を履いていた。偉そうな顔をしていた。武士であれば袴を履かない着流し姿。虚無僧姿を思った。(結びは武士の割りばさみ)

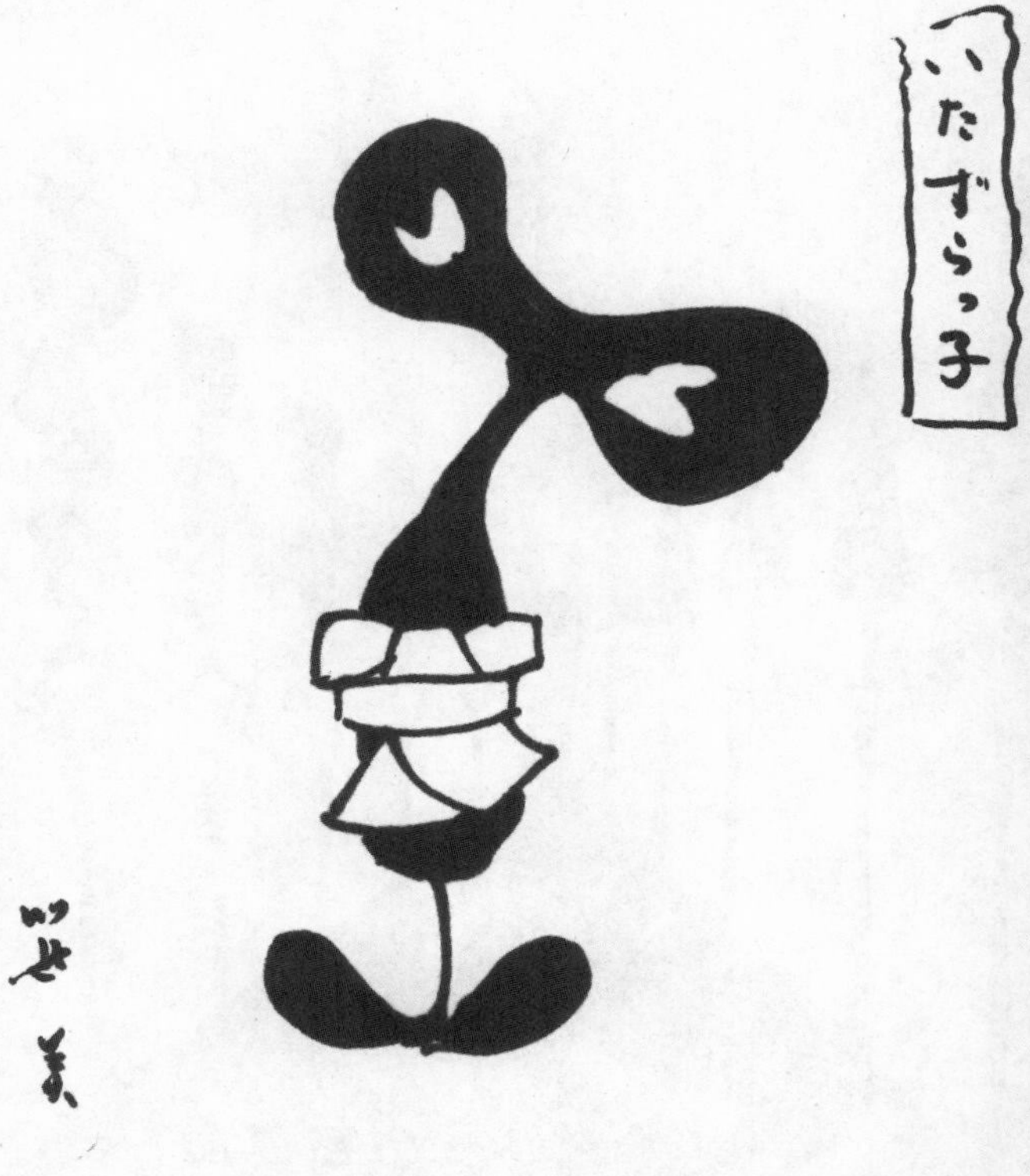

07 いたずらっ子

初恋は年齢に関係がないようで知人は幼児期に体験したといった。イタズラは恋のパフォーマンスなのかもしれない。(結びはオリジナルで花はさこ)

08 遠い道

恋をした。どんなに愛し合っても中年男と女はどこか醒めている。いっとき過ぎれば一人。その距離幅は狭くなっても決してゼロにはならない。永遠に遠い道と思う。（左側男・貝の口むすび・右側女・つの出し）

09 しのび逢い

男女の何やら小声のナイショ話をする間柄には「ひょっとして」と邪推する。そしてちょっぴり羨ましくもある。そんな恋も良いのでは。文庫結びは帯結びの中でも簡単には解けない結びである。

◇結ばれてやがて息吹く堅き帯
文庫結びに彩る二十歳

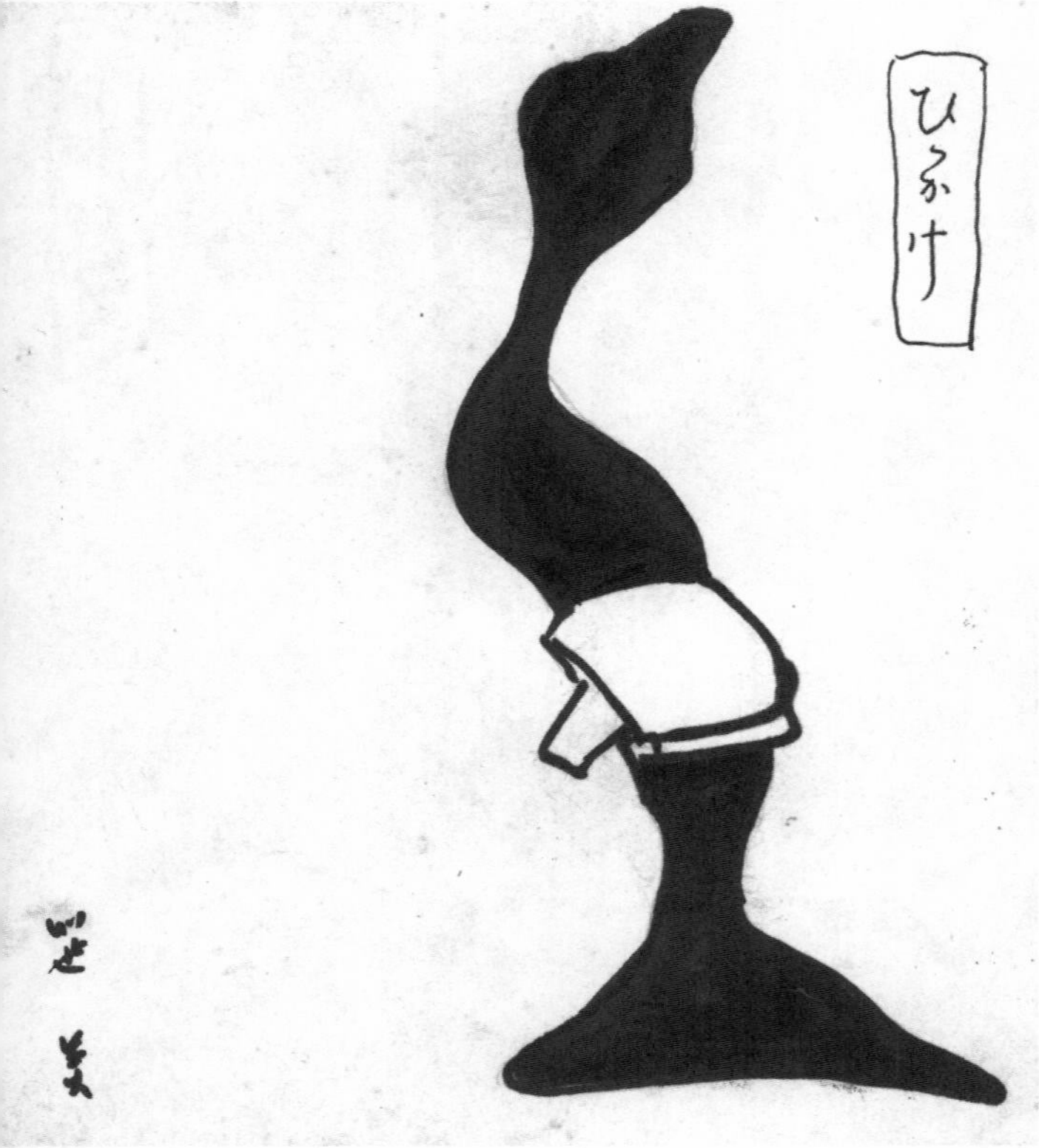

10 媚びる女

江戸時代のヘアスタイルはミセス、ミス、その他花街の女が一目でわかる髪結いをしていた。総じて日本髪と呼んでいる。その豊かで長い髪も少なくなる年代になると帯も短くなり、すぐ結べてすぐ解ける結びが多くなる。その名はひっかけ結び。別の呼び名は「浮気結び」とも言われた。

11 甘え

母と子が一緒にいる光景は心温まり美しい。現代は畳に座って子供を抱くことはないに等しい。時の流れは少子化時代に入りそんな光景を目にすることがなくなった。変わって動物を胸に抱いている。抱かれている動物の表情は甘え顔だった。(母の帯結びお太鼓。子供蝶結び)

12 恋芽生えの

細い体の女性。長いまつ毛をつけた大きな瞳は心なしか俯いていた。まだお化粧に自信がないのかと思った。それとも新しい恋が始まったのかもしれないとも思った。（帯結びは、オリジナルで割りつの出し）

◆なで肩のか細き背なに結ぶ帯
　　　こころの熱さ伝えていたり

13 ファッション

帯をドレスに巻いたらどうなるかなと思った。着物とドレスでは着る人の心が違う。素材が違う。着物は人が着てもまだ未完成の姿だが、ドレスは完成されているものを人が着るからそれだけで良く帯を結んでもファッション的には面白い。しかし着物と帯の未完成同士が合い交わって完成する、その意義は深いと思った。(結びはオリジナルで寿寿賀)

14手

私は不器用である。他人の何十倍、それ以上もやらないと何もできない。そこで石川啄木のはたらけど・はたらけどの詩を呟きながらぢっと手を見ることが多かった。ある日、両手を見つめながら自分を愚痴った。すると不思議と落ち着いた。話を聞いてくれた手は心の伝導者だった。帯を結ぶ手、指がたまらなく愛おしい。(片花結び)

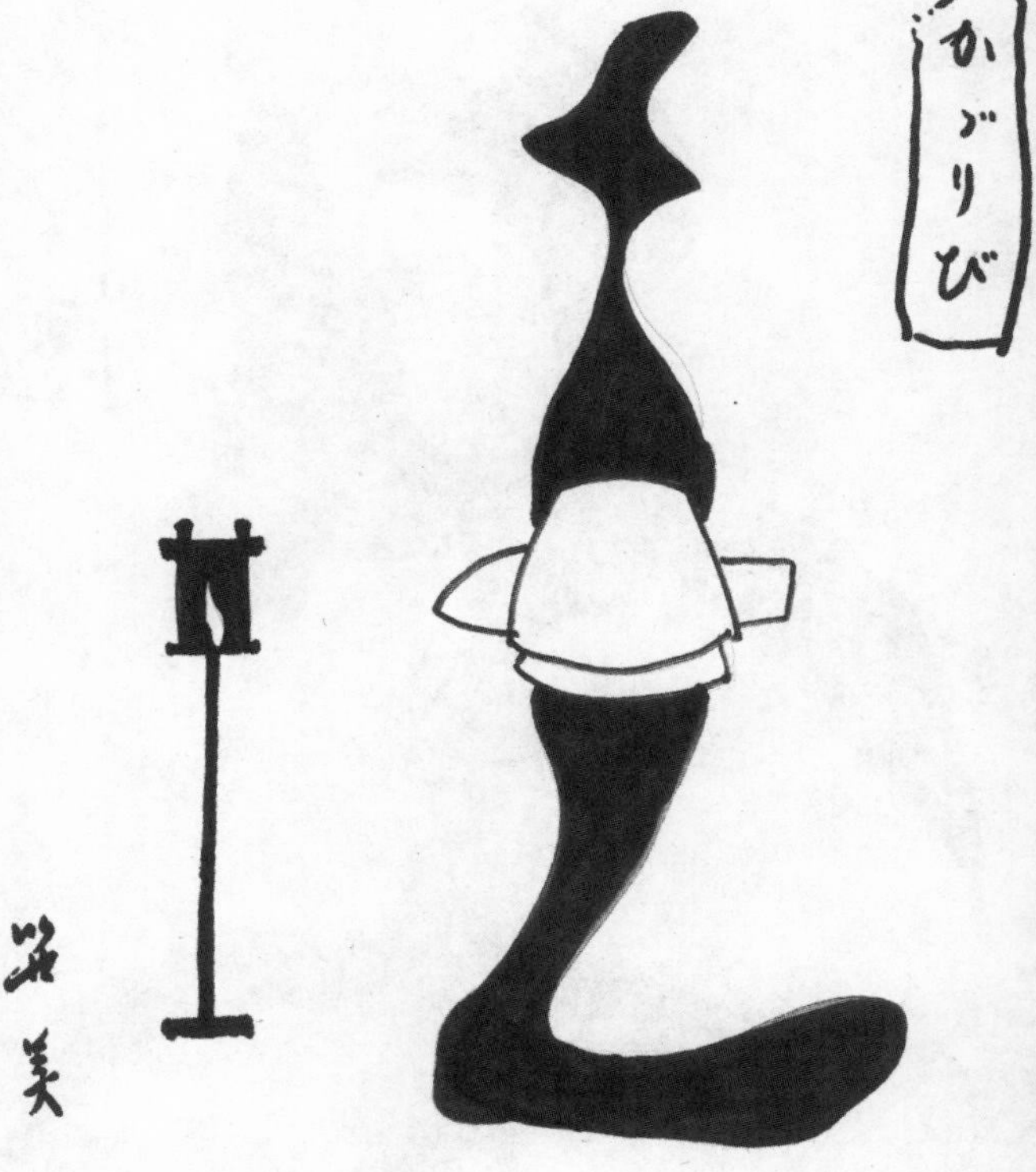

15 薄あかり

はっきりと見えることには安心はあるが、うっすらとした灯りには不安の中に夢がある。最初はぼんやりとしていたものが徐々にその姿を表した。そこには帯をキリリと結んだ女が立っていた。想像をしていた姿と真逆であった。

16 女の裏側

現代では振袖姿は二十歳の門を通過するための決まり衣装となっている。未来に向かって大きな羽を広げ、大きく大地に踏み込むその心意気は健気で愛らしい。しかしいつの日か帯の結びが解ける時その大きな翼と爪は豹変するように思えてしまう。（ミスの代表的な伝統結び、ふくら雀）

17 ボーイハント

真っ赤な口紅つけてボーイハント。心が躍ると帯も踊る。いい出会いがありますようにと見送るうるさい人はいなくても足取り軽い。自由は楽しい。(片わな結び)

18 ガールハント

ラブソングを鼻歌で歩く。心は今日は良い子に出会いますようにと少しばかり慎重に。ガールハントは初めてではない。ちょっとへっぴり腰に見えている。(帯は浪人結び)

19 ザクロ

柘榴はざっくりと大きく割れていた。透明なピンク色の実が美しい。ぎっしりと詰まっていてその割れた口から今にも飛び出しそうだ。(帯結びは一文字)

20 片思い

帯を巻く位置である程度の年齢を読むことができる。若い女性には胸高に帯を絞める。初恋の熱い心、不安な想いを沈めるには帯の効果あり。ちなみに年増になれば帯位置が下がり肝がすわって度胸がつく。(一文字結び)

21 待ってー

月日の流れは早い。二十歳を過ぎるとその早さに驚く。若者に限らず人はいつまでも若くはないことを意識をしはじめると内心焦りを覚える。時は待ってはくれない。(ミスの帯結び、ふくら雀)

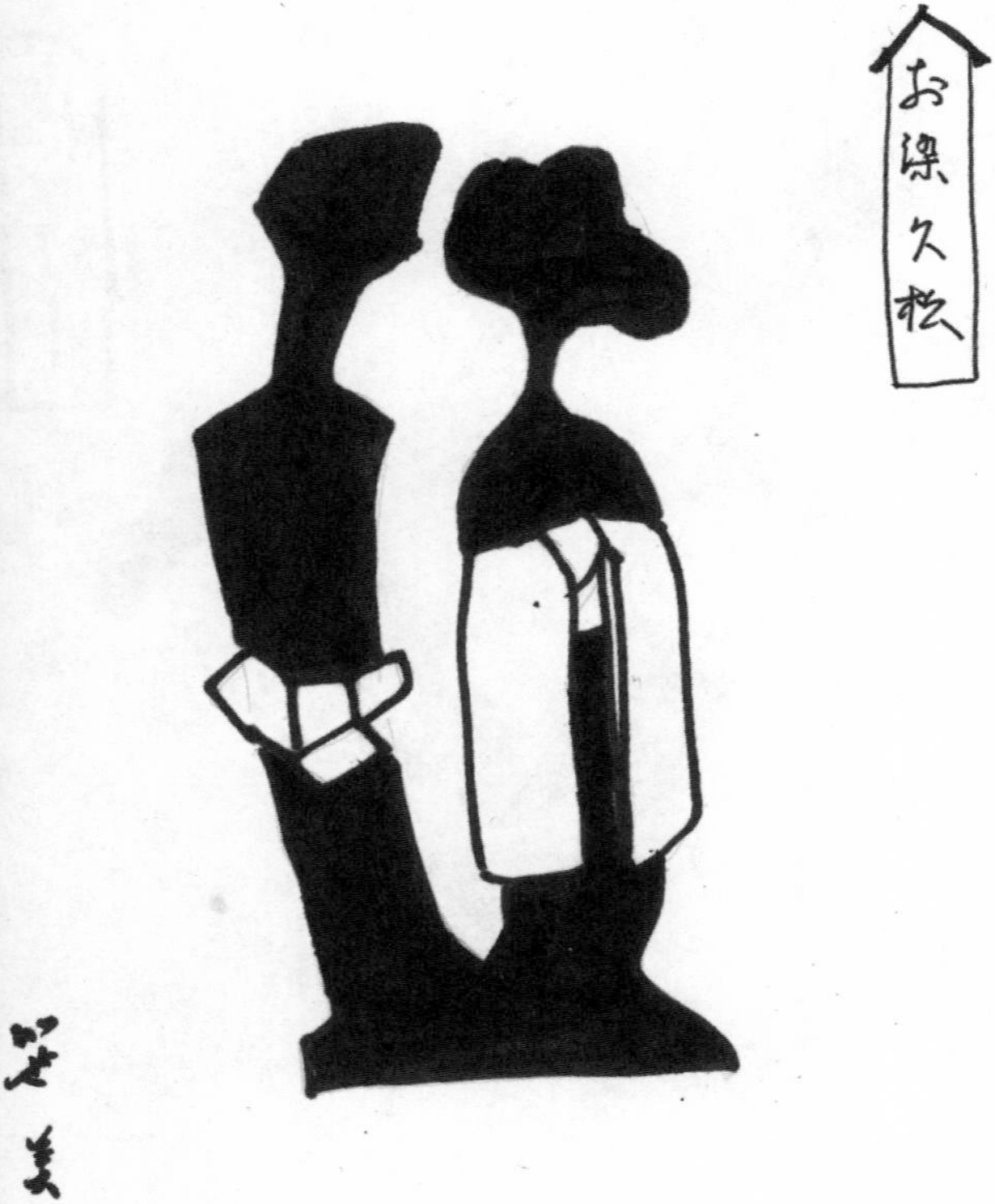

22 お染め久松

歌舞伎のお染め久松を観る。なよなよとした若い男、久松の着物は伊予染めの縞模様。帯の結びは貝の口結びに近い吉弥結び、この姿が印象的だった。私はこれを機に伊予縞が好きになった。お染は振袖にだらりと同じ振り帯姿。

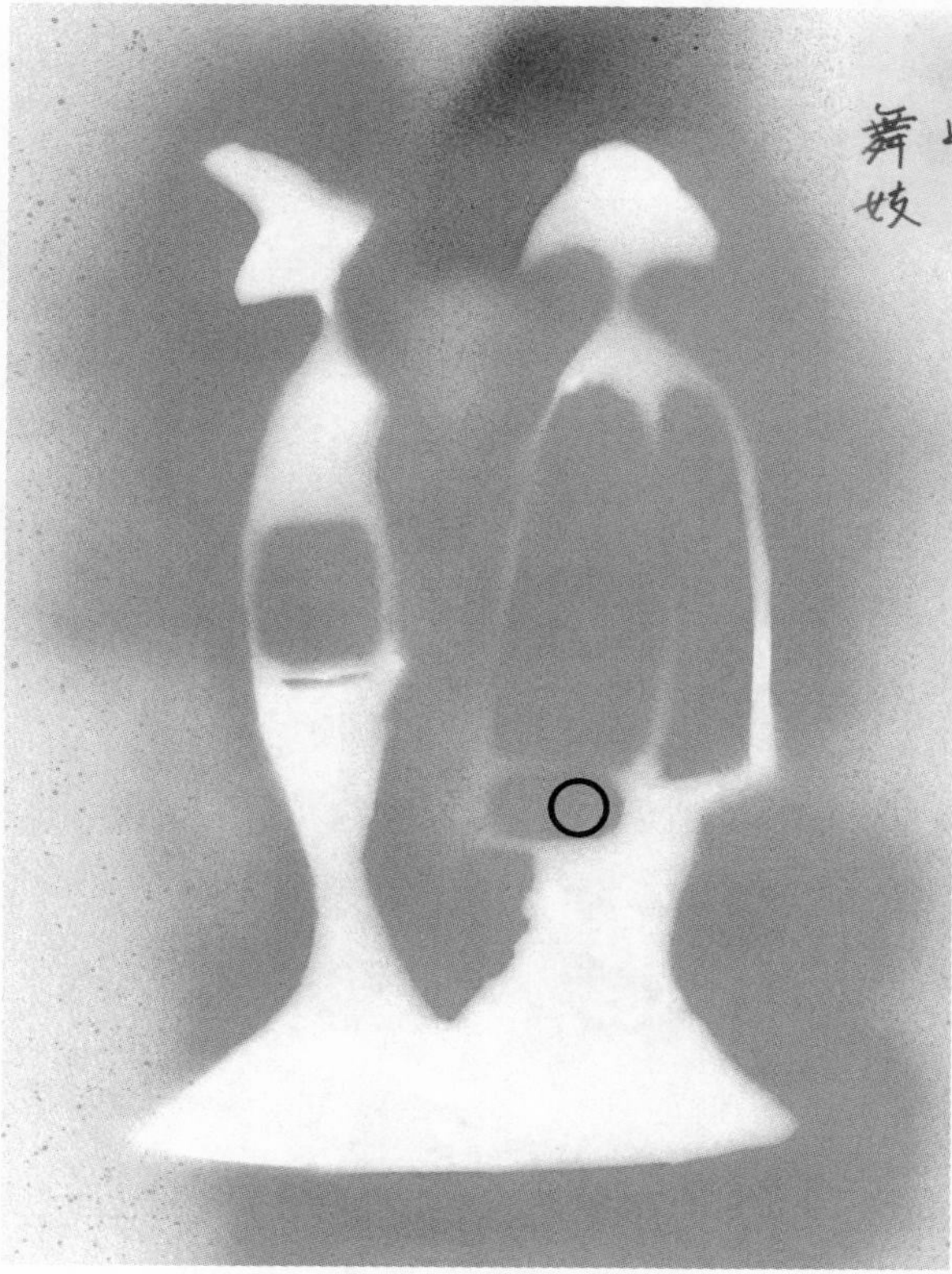

23 京の芸妓

関東と関西では帯の巻き方が逆である。したがって舞妓のだらり結びは帯のタレ先に家紋が大きくあるのではっきりとわかりやすい。また京の芸妓さんの二重太鼓も平べったくて大きい。

24 二十六歳の女

２５歳を過ぎると女性は「後輩に向かって若いっていいわね」と乱発する。確かにその頃の私自身も「若いっていいなあ」思ったことがある。三十代になって振り返れば２６歳といえば十分に若いのに、と思った。それから振り返ることはやめた。そして今が若いのだと思うようにした。肩とヒップに大人の感じが現れはじまる。（後見結び）

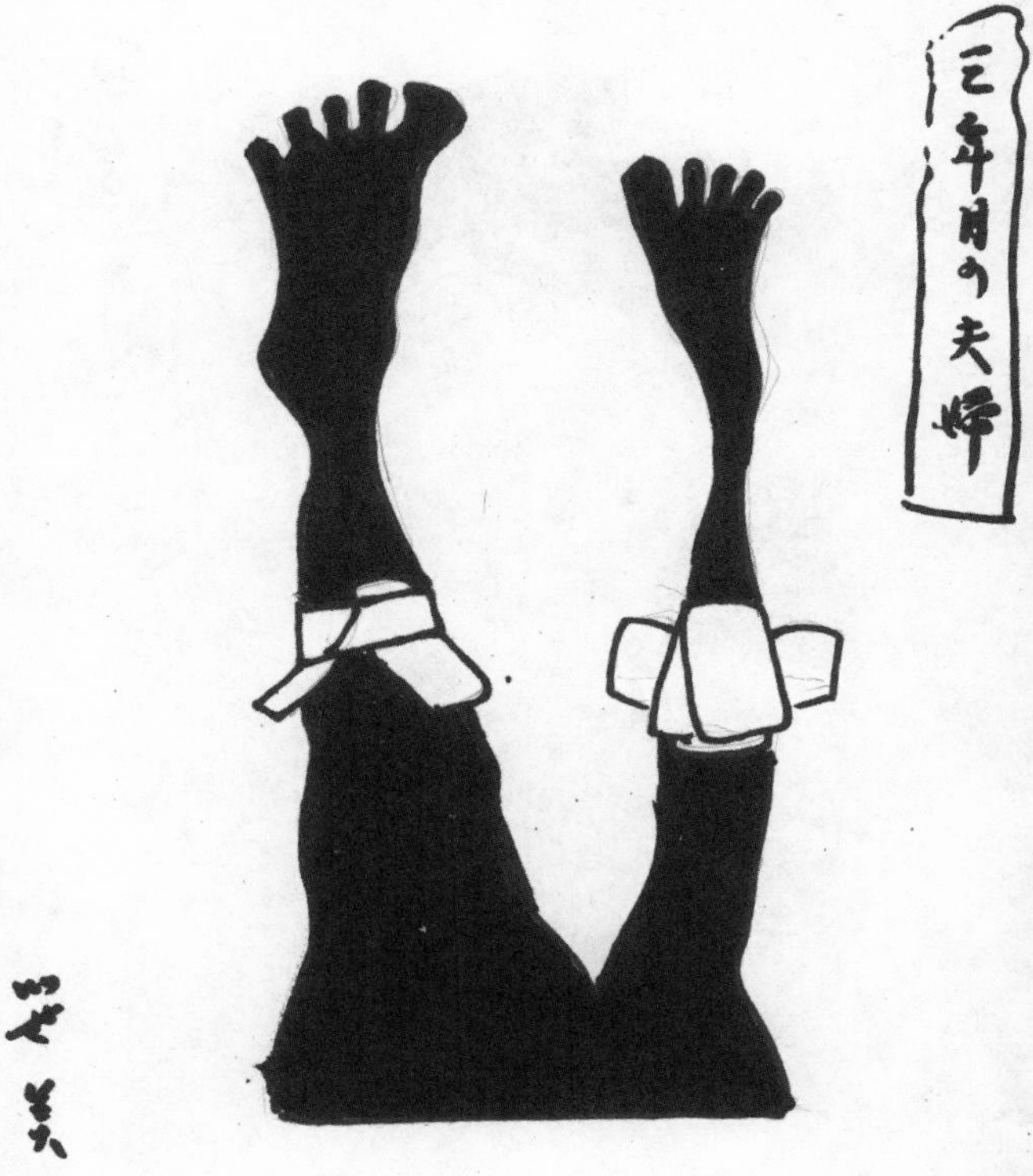

25 結婚三年目

足を描いていたら男女の足セットになってしまった。帯の結びを描いたからかもしれない。見つめていたら初々しくないので3年目くらいかなと思った（男・片ばさみ・女割つの出し）。

26 疲れた女

描き続けていたら疲れてきたせいかもしれない。割れた頭を描いてしまった。とはいえ頑張っているようにも見える。お太鼓結びの形も斜めにして決めた。

27 日本列島

エネルギーがなくなってきた。描くのも終盤と思った。なぜか東北から出てきて自分は東京に住んでいることを意識した。そして日本文化、着物と帯を愛する人生を誓った。(結びはがオリジナル花一文字)

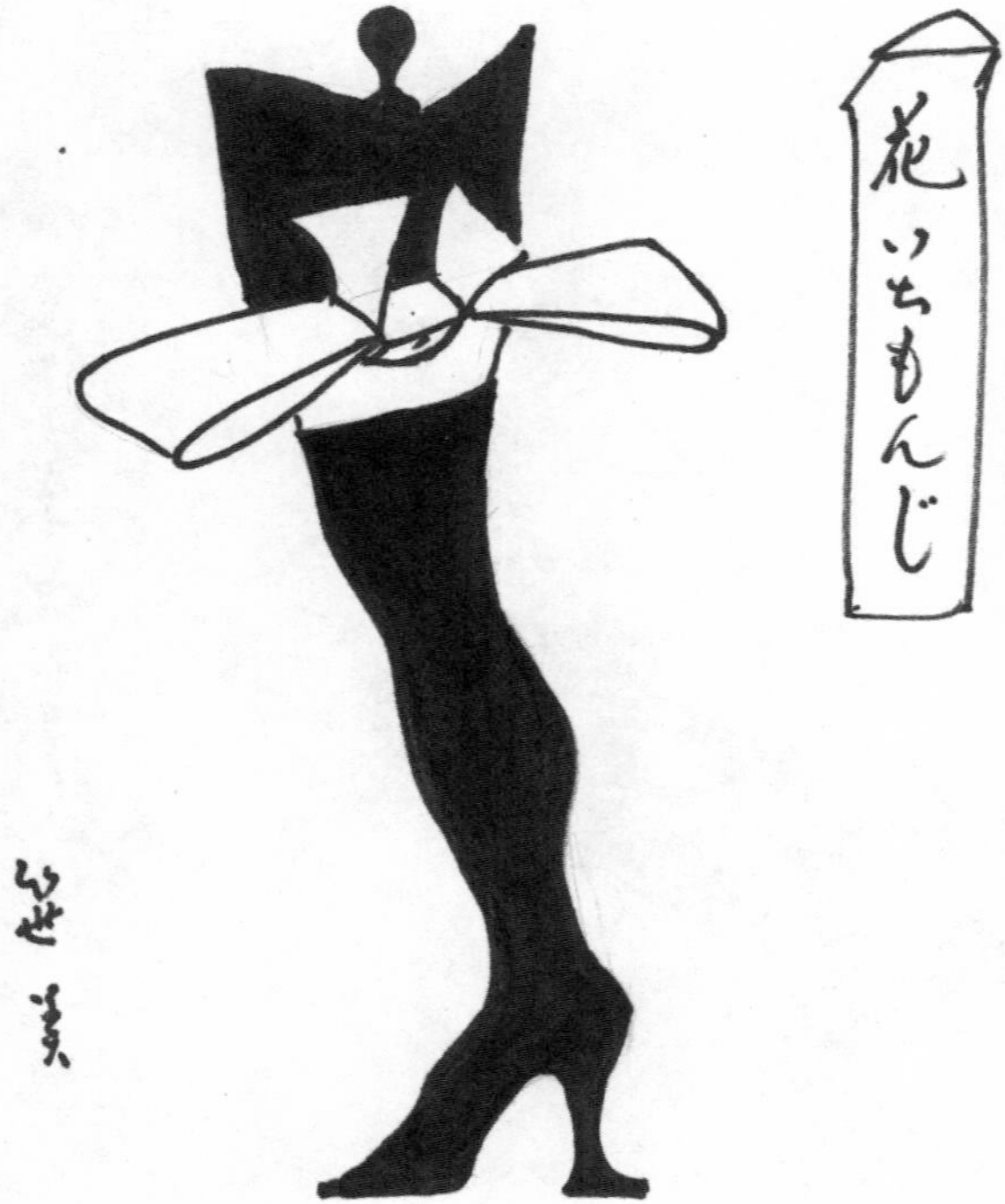

28 花一文字

ショウダンサーの着付けをしている頃。洋舞の衣装にツンブラがある。パンツとブラジャーがセットのもので、そのパンツの脇がえぐられた形なので脚が長く見える。太腿に結んでみたかった。(花一文字)

29 夜会

ワイングラスを見ていると細くキリリとしたウエストのドレス姿を思った。細帯で片わな結びをする。

30 あめ

子供と離れていた時期、小さな姿を見ると胸が波打った。そんな時の光景は雨の日になる。母親の肩は濡れていた。(母・お太鼓結び、子供蝶々結び)

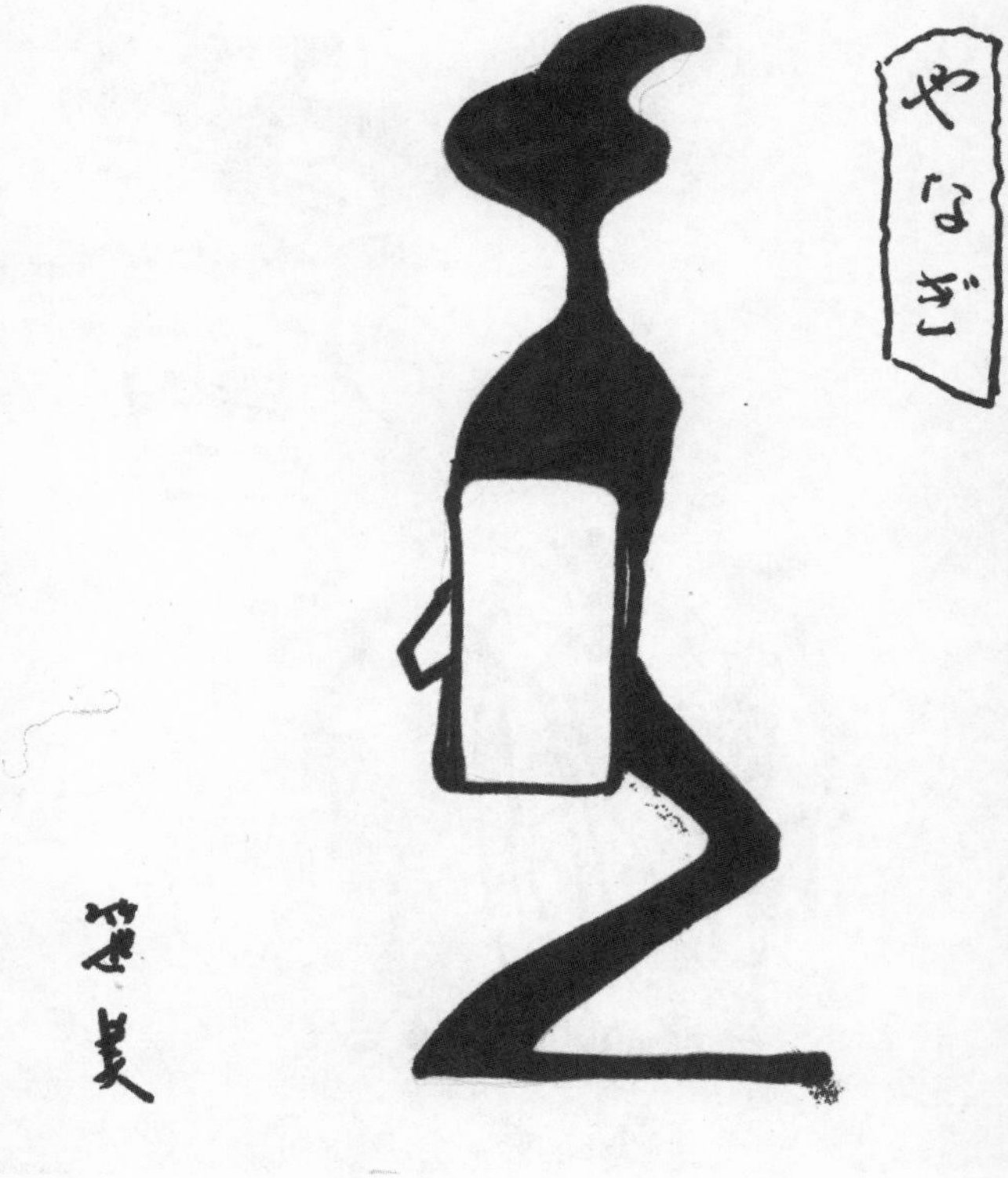

31 柳結び

関東系芸者の帯結びは柳結びをする。ベテランであれば長く垂れた帯が横に揺れる。素人では帯がお尻を打つ。マリリンモンローの歩き方であれば間違いなく横に揺れる。(柳結び)

32 着物

帯のことはいつも頭から離れない。同時に着物も。骨格着付けを完成させるまでの歩みは巡礼のお遍路さん気持ち。結ぶことで心が沈まる。（一文字、お太鼓、振り帯結び、貝の口結び）

帯人形と帯結び

帯人形に宿る人格

笹島さんが舞台衣装の着付け修行中に帯に魅せられ、きもののわき役的存在の帯を主役にしたい、結びのプロセスをできる限り正しく伝え残したいとの思いから創作したのが帯人形であり、笹島さんはそれを四姉妹と呼んでいる。最初に誕生した長女は長さと幅が実物の四分の一サイズの帯で、結び方のプロセスを忠実に表現したいとの願いから生まれた。次に、誰かが締めていた古い帯を集めて、画家が鉛筆で描くように実物そのままの帯でさまざまな女性の姿を創った、等身大の人型が次女。曲がりくねった焼き物など、笹島さんが創った陶器に帯を結んだのが三女。竹に帯を結んだのが四女である。

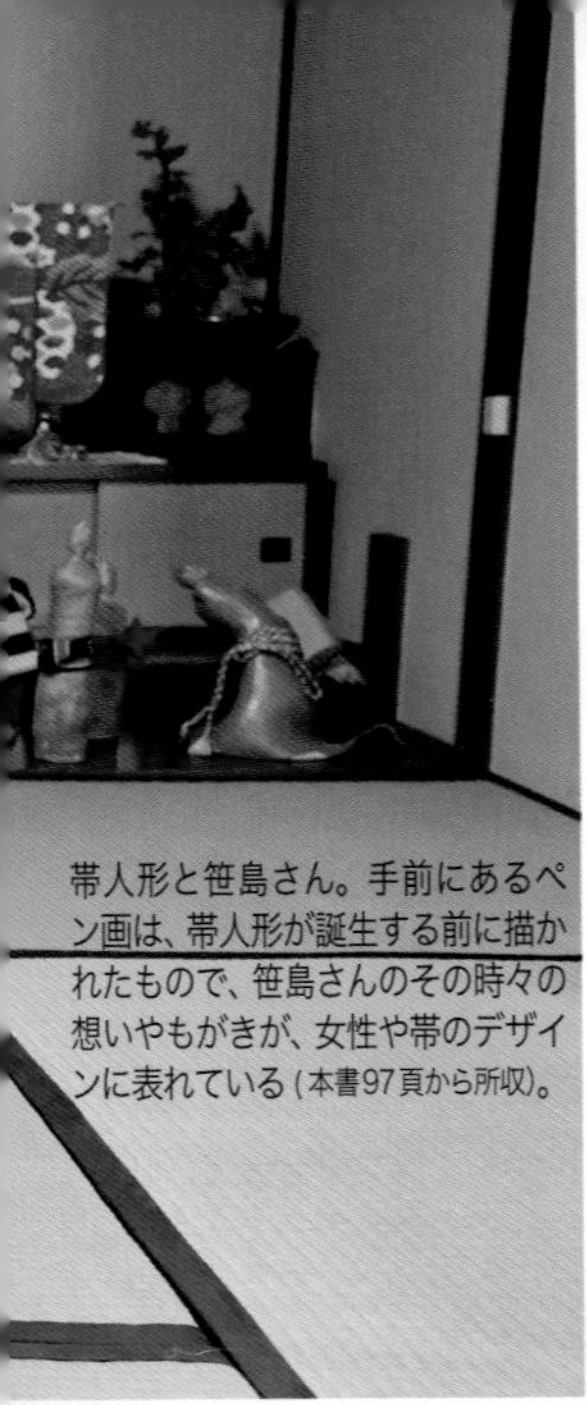

帯人形と笹島さん。手前にあるペン画は、帯人形が誕生する前に描かれたもので、笹島さんのその時々の想いやもがきが、女性や帯のデザインに表れている（本書97頁から所収）。

なぜ最後に竹に結ぶようになったのか。帯に入り込み、人間は最終的には素朴でシンプルなものだと行き着いたとき、それを表現するのは竹だと思ったという。人間の個性と性格は人それぞれで、帯を選ぶ時の見極めは難しい。生命力と個性を持ち合わせている竹も同じで、それぞれの竹にどの生地で何を結ぶとよいかを見抜くのは、四姉妹の中でも一番難しく、どの位置に帯を結ぶかで竹の人柄が出てくる。

笹島さんがこれまでに数多くの展示を行ってきた帯人形のなかから、代表的なものをいくつか紹介する*。

*帯人形の全貌は『新しい着つけと帯結び』(講談社)に掲載されています(編集部)。

古い帯を集めて女性の姿を作った、等身大の人型。実物の帯を数本、そのまま生かして女性の姿を作っている。

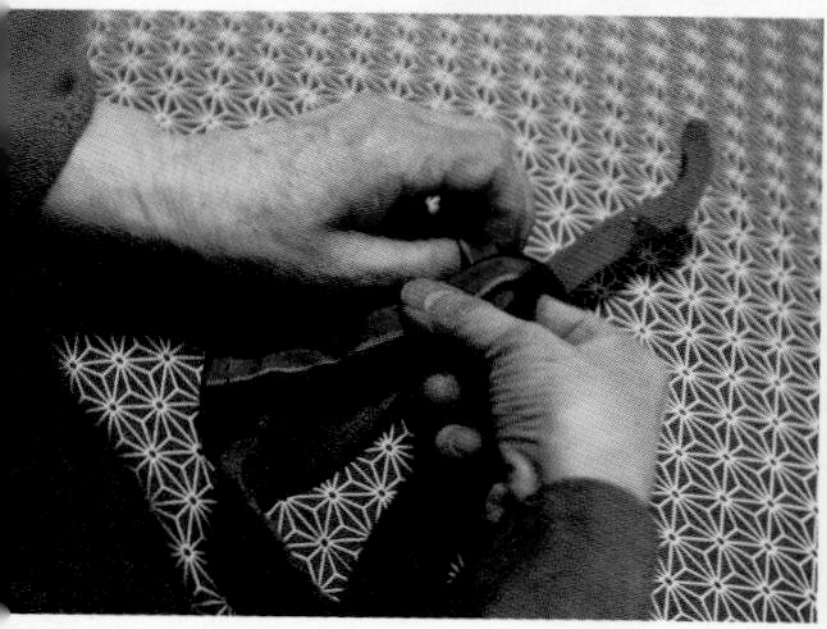

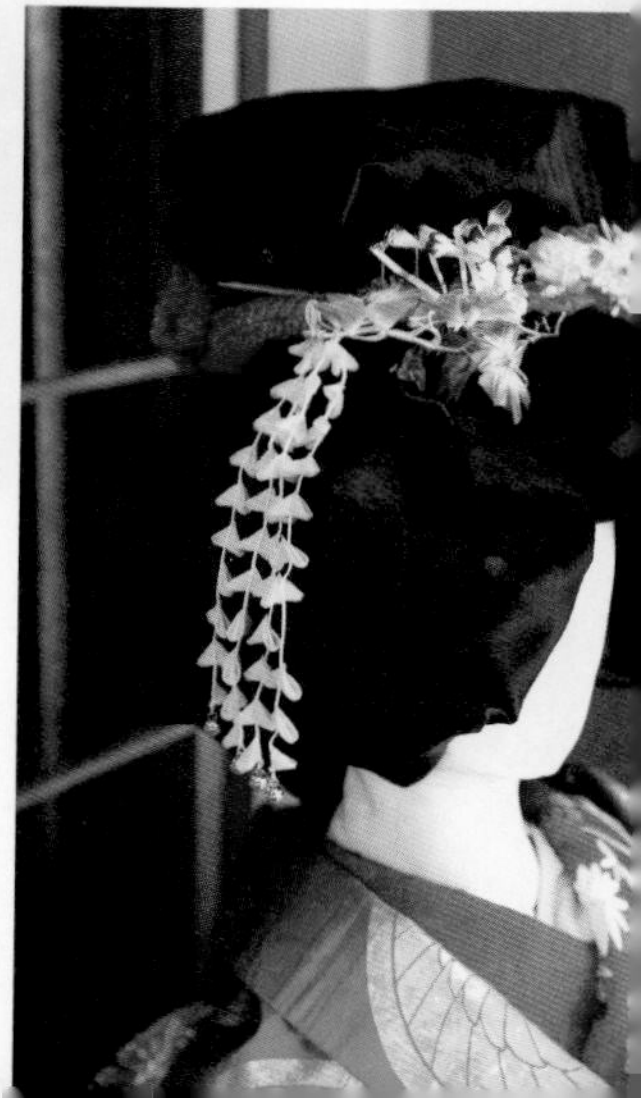

帯人形の帯も実物の帯も、どんなに固く長期間結んでいても、正しい結びをしていれば、シワなどの跡が残らない。

◉二重太鼓（太鼓結び）

長く垂らした柳結びの帯を短く折り上げ、組紐で押さえて形を作ったところから、この結びが始まった。江戸末期に深川芸者によって結ばれたのが最初といわれ、発祥の地にちなみ太鼓結びという名がつけられた。二重とは、背のお太鼓部分の帯が二枚重ねてあることで一重の太鼓結びもある。太鼓結びは品格や美が問われるもので、きものと帯の組み合わせ方や着方、結び方のすべての調和が大切となる。礼装やおしゃれ着に最も多く結ばれていて、ふくら雀とともに、明治、大正、昭和の結びとして歴史に残るひとつ。

◉割りばさみ（左）

江戸時代の武士が家にいて袴を履かない時や、罪人を捕らえる役人の結び。階級のある男性の結びなので、少し帯幅がある。結びは、よく計算して帯を巻かないと左右揃った形にならないので、帯の長さがポイントになる。

◉文庫結び（右）

江戸時代の武家の女性の心意気を表しているような貞操な雰囲気を持つ。真中に結び目が作られ、2枚の帯の羽が垂らされている。しっかりと結べて、ほどけにくい。自分で結ぶのが非常に難しい結びである。

◉舞妓結び（だらり結び）

だらりの帯は京都の舞妓さんの結び。帯の垂れ先にある、界切り線と呼ばれる二本の線の下に大きな家紋があるのが特徴。家紋のある帯先を少し長めにして、左から右へと深く重ねて結ばれる。帯の巻く位置によって年齢や雰囲気が変わるが、舞妓さんや若い娘さんには胸高に巻いて締める。

◉巾着結び
振袖姿に合わせて宝袋を
イメージしたオリジナル結び。

◉柳結び

江戸時代からの芸者の結び。芸妓が結んでいた。柳結びはおもに関東系芸者の結びで、浮世絵ではこの結びが腰から引きずるように下げて描かれている。この結びは歩き方によって横に揺れ、それが柳腰といわれる女性の魅力のひとつ。

◉後見結び

この結びの形は、男性結びである吉弥結びと同じで、幅の広い帯で結んだのが後見である。形を作り上げる行程が斜めに傾いていて、背中にぴたりと付いた厚みの薄い状態にまとめなければならず、着付師は両腕と一本一本の指を上手に使わないと作り上げていくそばから形が崩れていってしまう、数ある帯結びのなかでも特に技術が問われるものといわれている。江戸時代の女性が振袖を着てこの結びをしている。また、女性が舞踊の後見役として舞台に上がる時など、女性が男性として踊るときに結ばれる帯で、色気のないように結ぶ。

◉片ばさみ

武士の結び。簡単に結べるのになかなかほどけない。刀を腰の帯に差すと、姿勢が良くなって腹も締まる。割りばさみに比べると少しくだけた結びである。帯を挟むことは緩みや解けるのを防ぐ。

◉一文字結び
袴をはくときに結ぶ。あらゆる帯結びの基本となる帯の持ち方、さばき方、締め方、力の入れ方、形の大きさの決め方、バランスのとり方、布目の通し方、仕上げ方が含まれている。武士が袴を着けないきもの姿である着流しのときに結ぶものとしては、一文字結び、片ばさみ、割りばさみの三種がある。

◉前ばさみ

◉文庫結びの変形

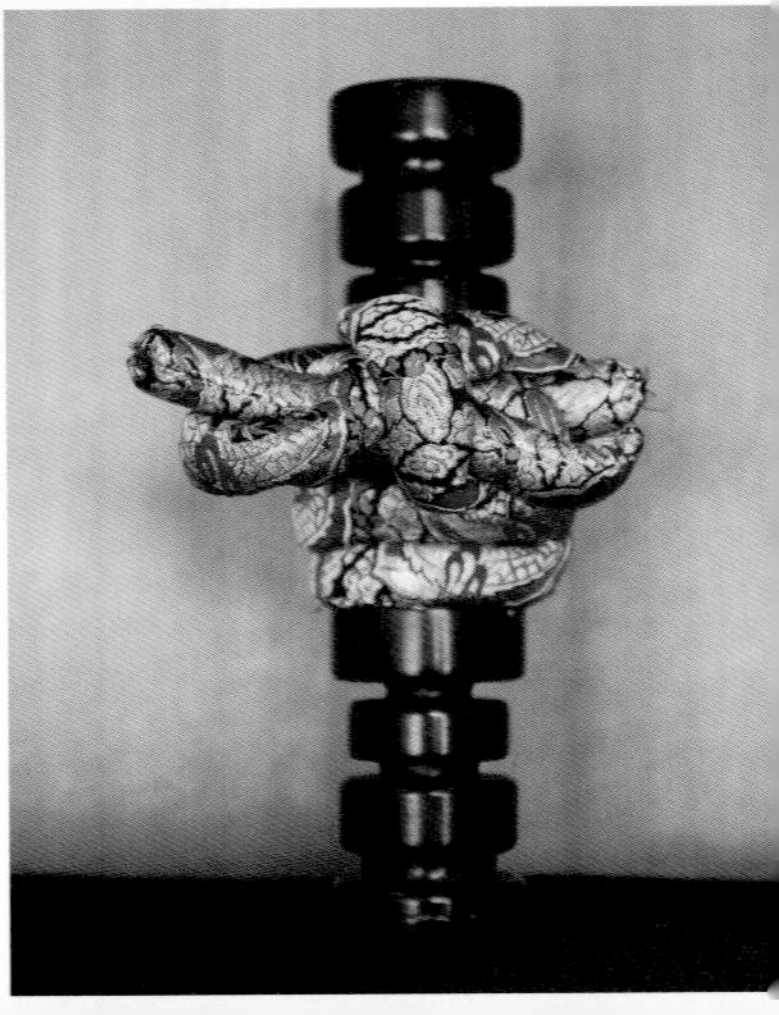

◉とんぼ結び

◉神田結び

◉貝の口結び

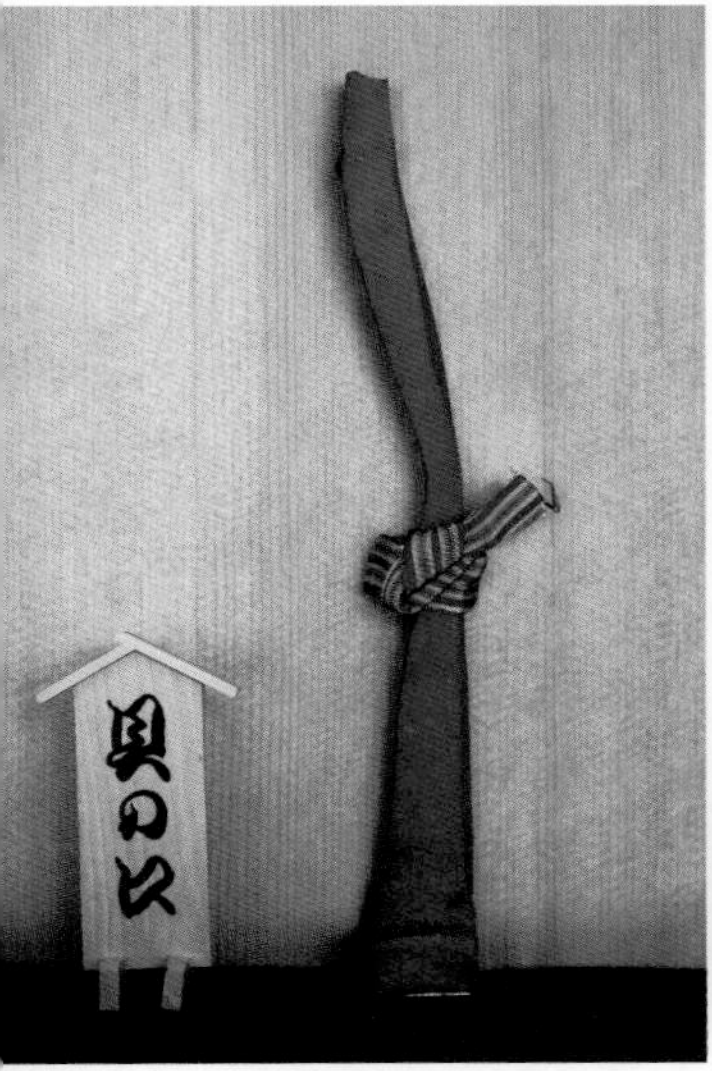

◉雲龍型 不知火（しらぬい）型

◉角出し結び
江戸時代の町人、町人の娘や妻たち、粋筋、水商売の女たちの結び。女性らしくふっくらとした、結びのもつやさしい曲線が表れている。角を高めにすれば若々しく、角の位置が中心にあればおかみさん風に、角を下の方にすれば年増女や粋な女という表現となる。

出：『季刊 iichiko』no.150、2021年4月

心象幻画撰

後ろ姿

帯を結んだ後ろ姿には感情表現の他に本心の思いが秘められている。それは女性としてのお洒落心を含ませて長い帯を巻く行為に心の参道を意識し、結びでその意識心を決める。そうした思いが表現されるからであろうか。あえて長い帯を巻いて結びで形を決めるところに日本の精神文化を感じる。

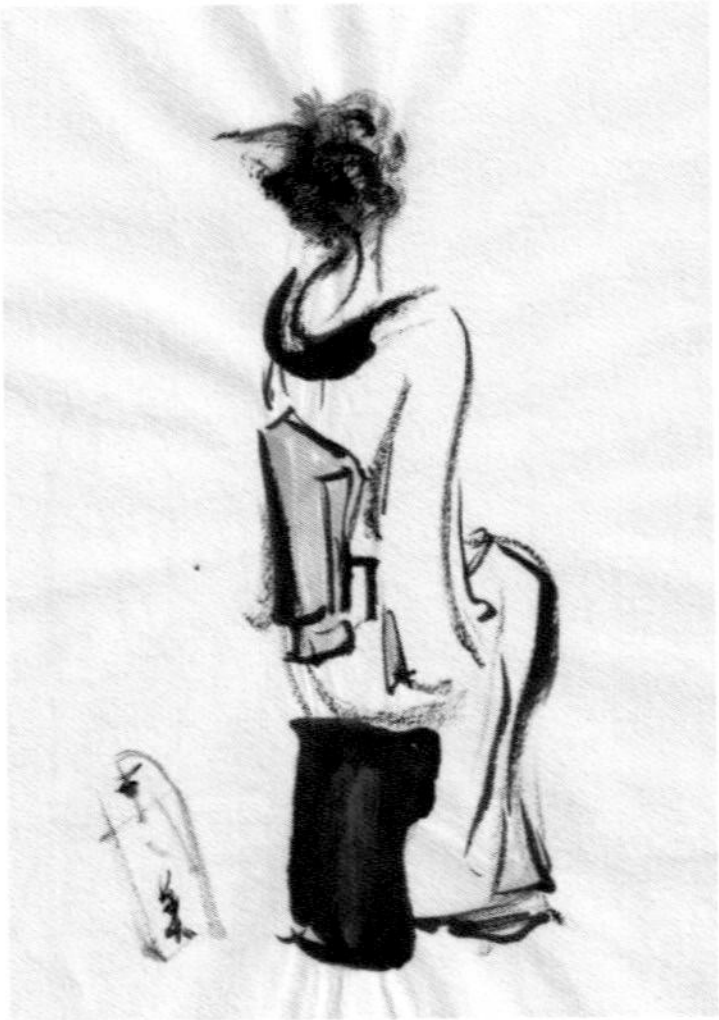

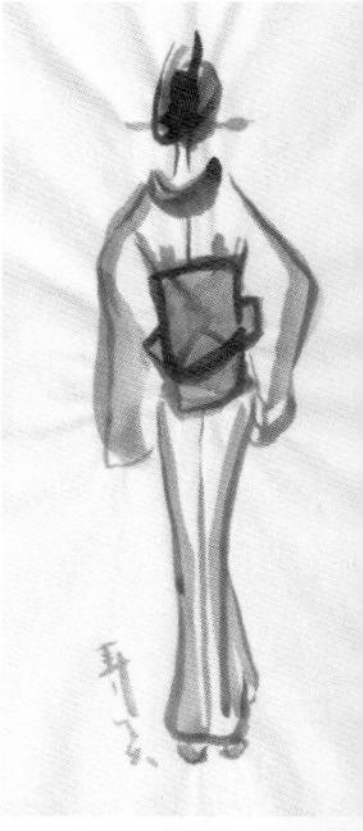

女の姿情

衣服を脱いだ姿は、裸体であり肉体でありその身体美であるが、着物や帯の装着は、身体と融合して心の内を表現している。したがって着物を着た姿はどの角度からでもどんなポーズにも感情が表れて、あるときは甘く、優しく、悲しげにそしてある時は楽しい姿を見ることができる。

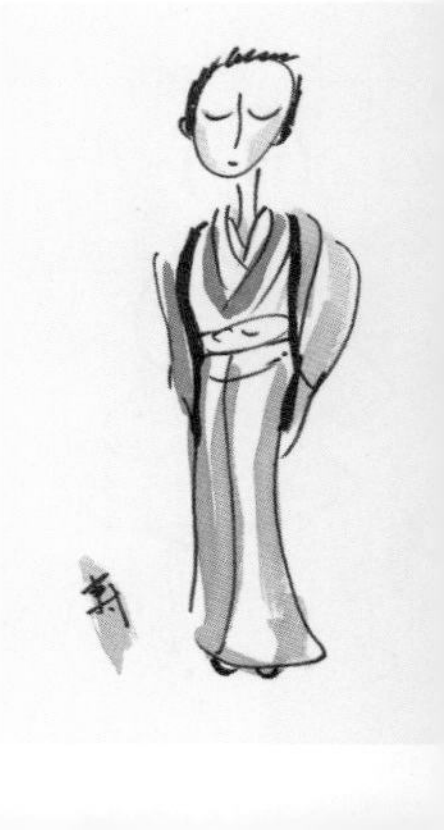

Sumi

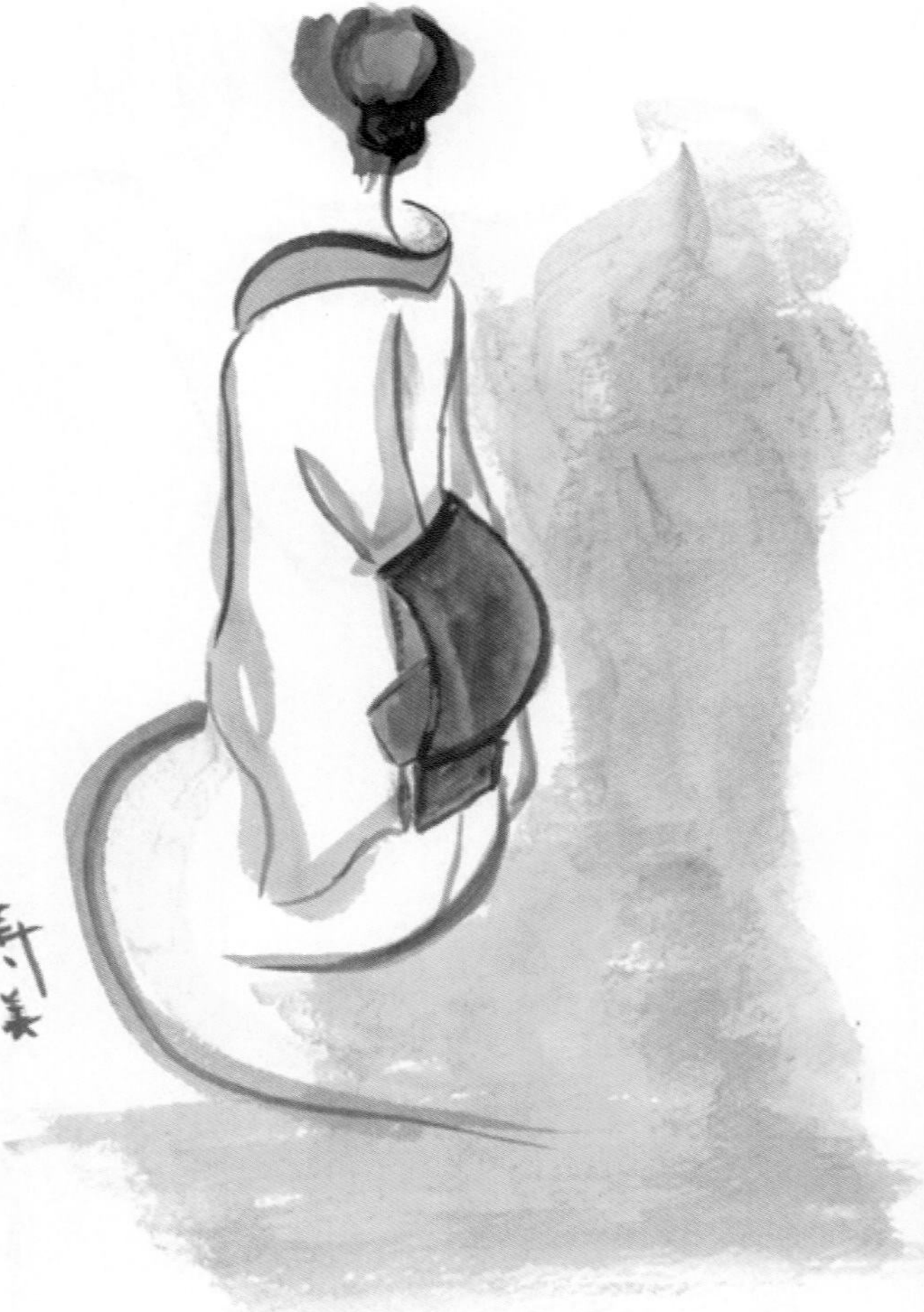

スパッタリング

筆やペンを持って描くテクニックのない自分がもどかしく我慢できずに始めた方法がスプレーで描くことだった。紙をちぎったり、カットしたりしてスプレーで色をつける。着付けをしていることもあって女体の線を描くことは自然であった。

女体、着物、帯この三種の共通は曲線である。

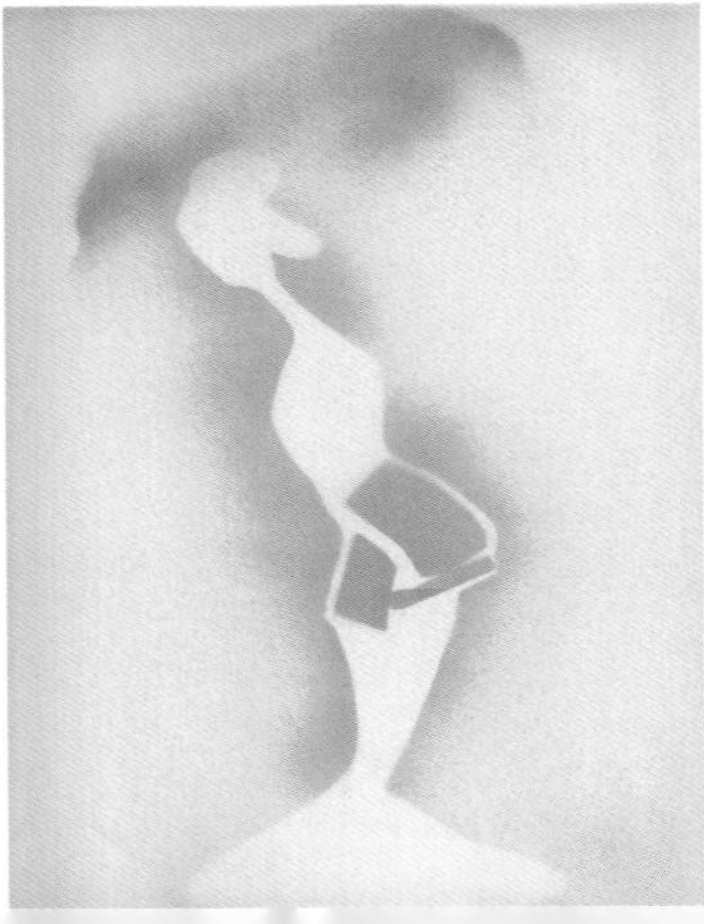

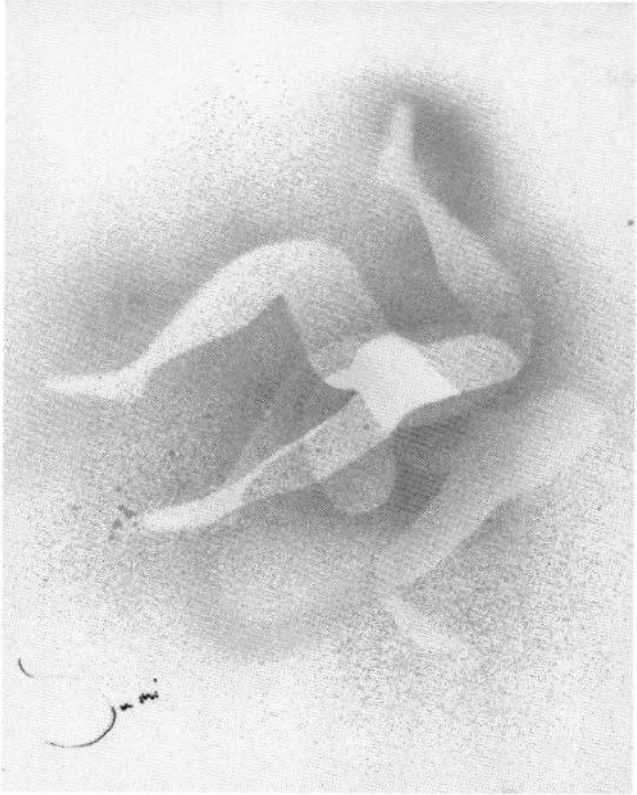
Sumi

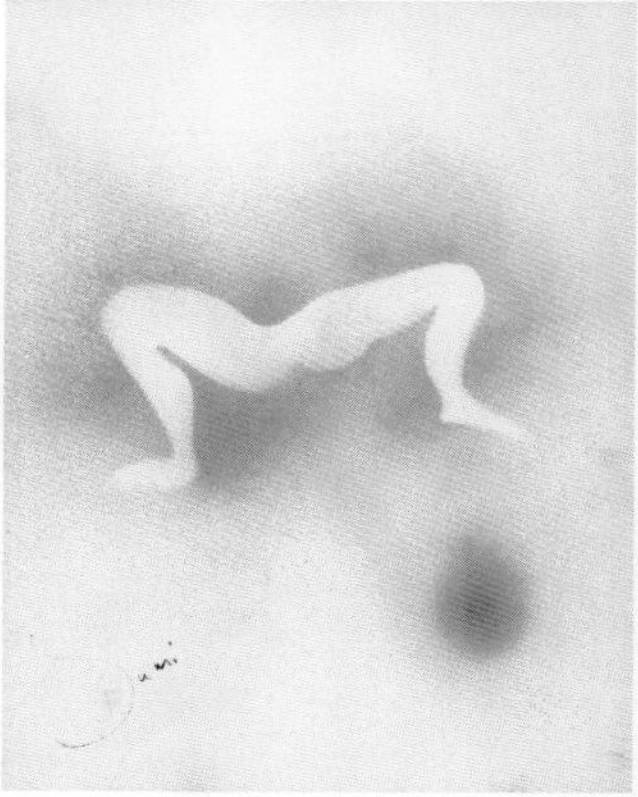
Sumi

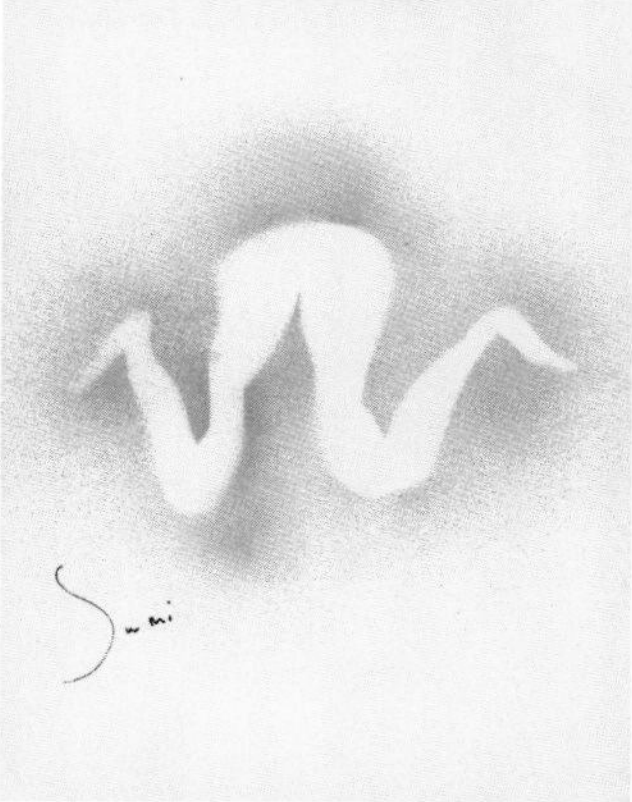
Sumi

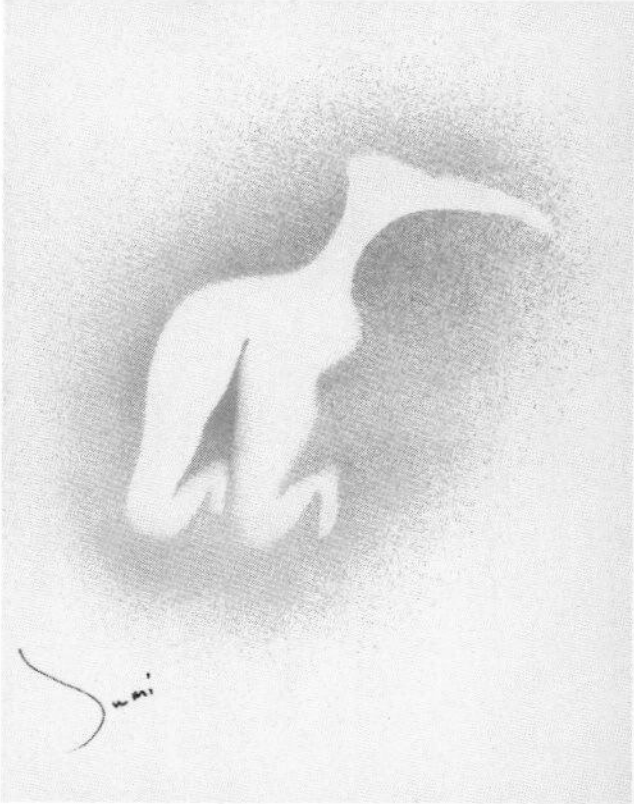
Sumi

Sumi

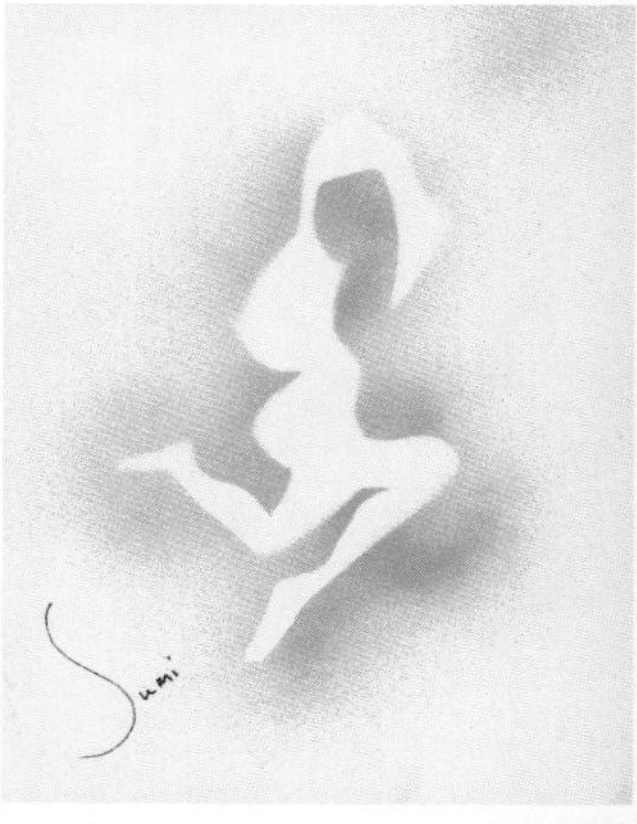
Sumi

Sumi

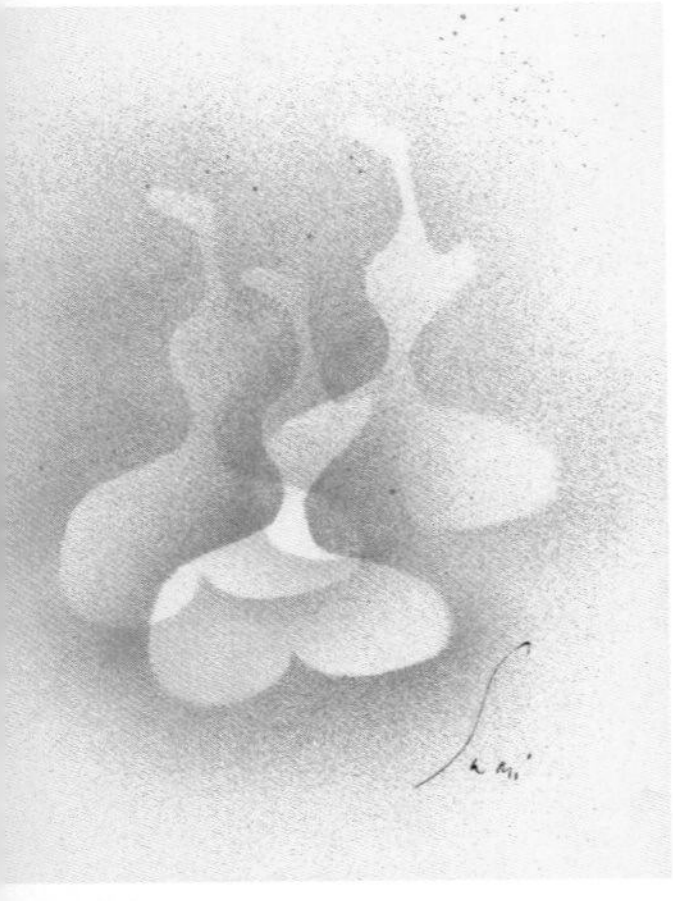
Sumi

Sumi

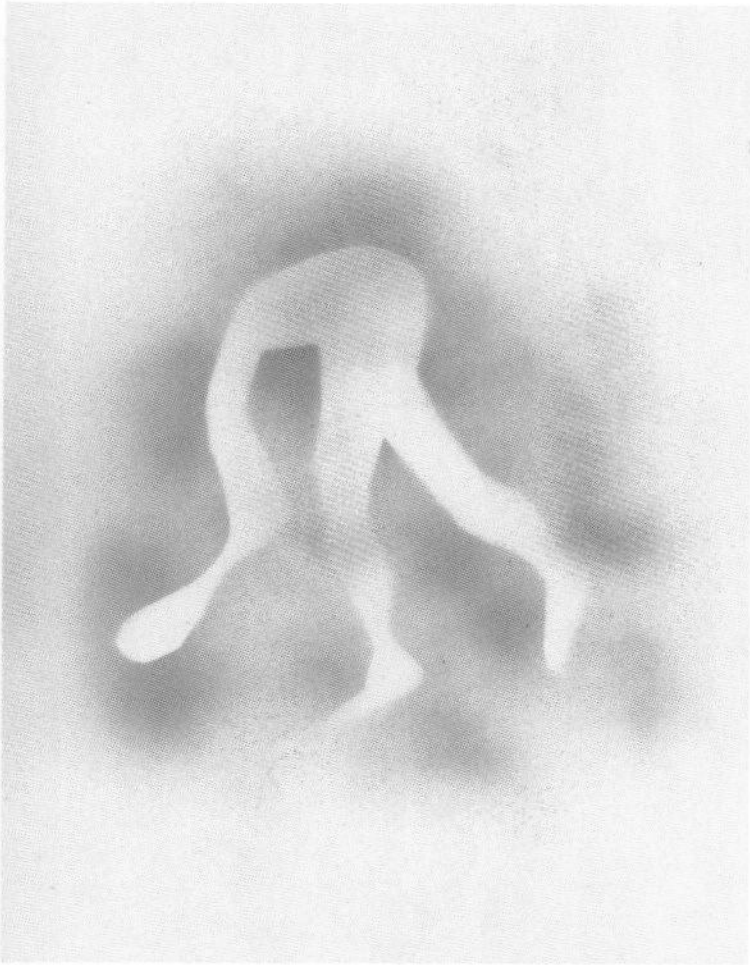

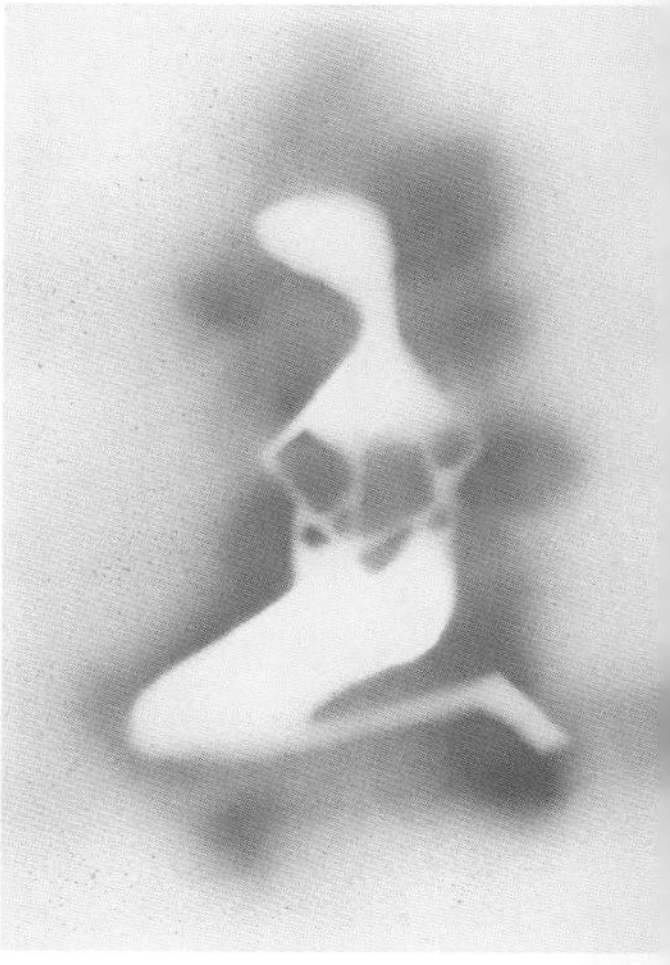

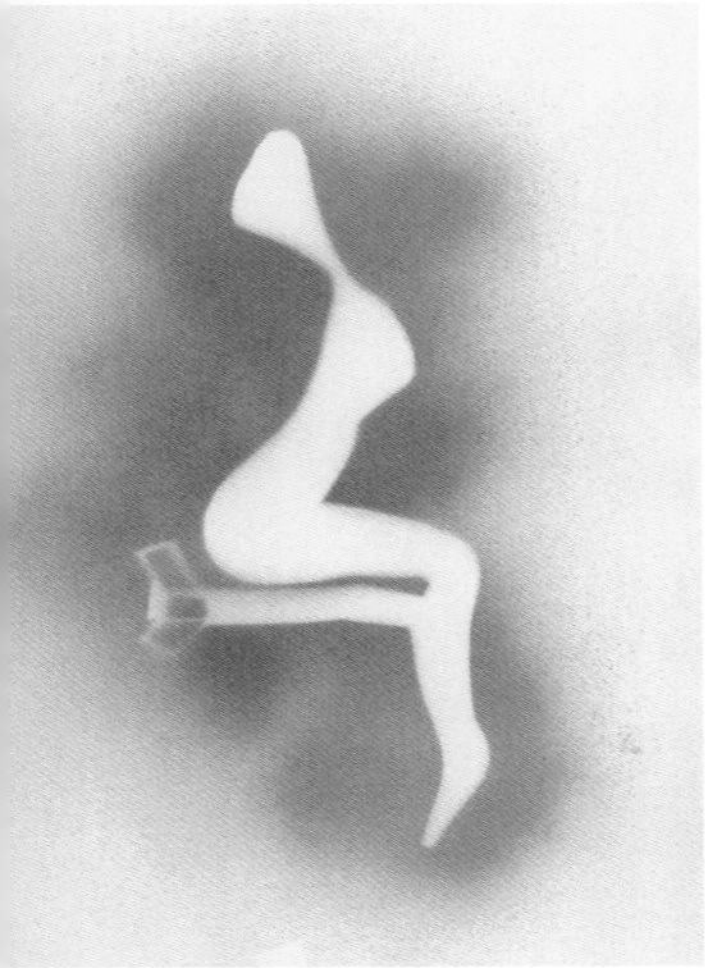
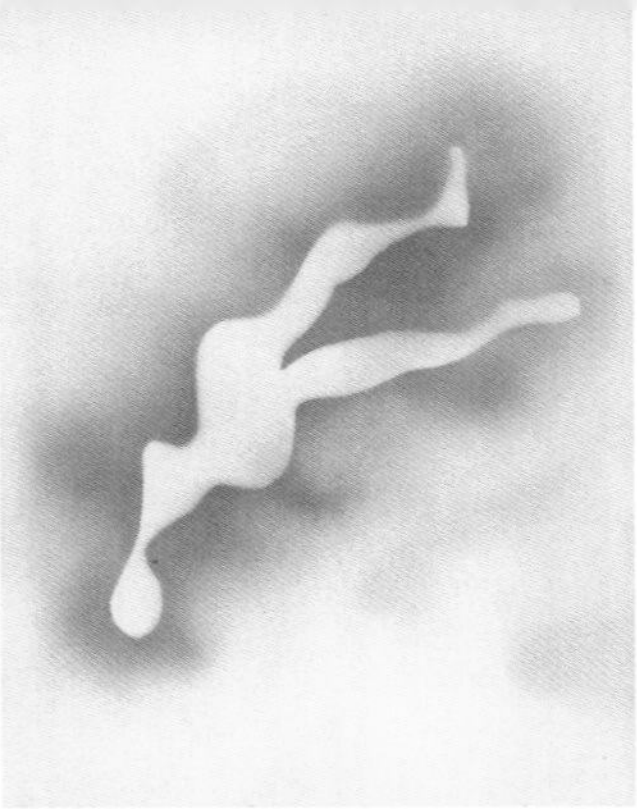
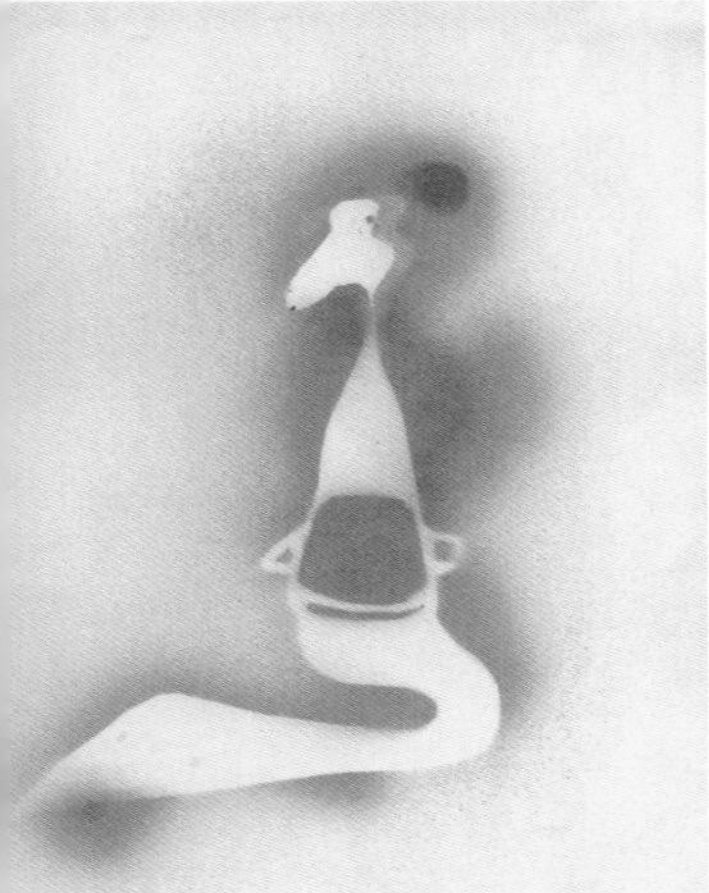
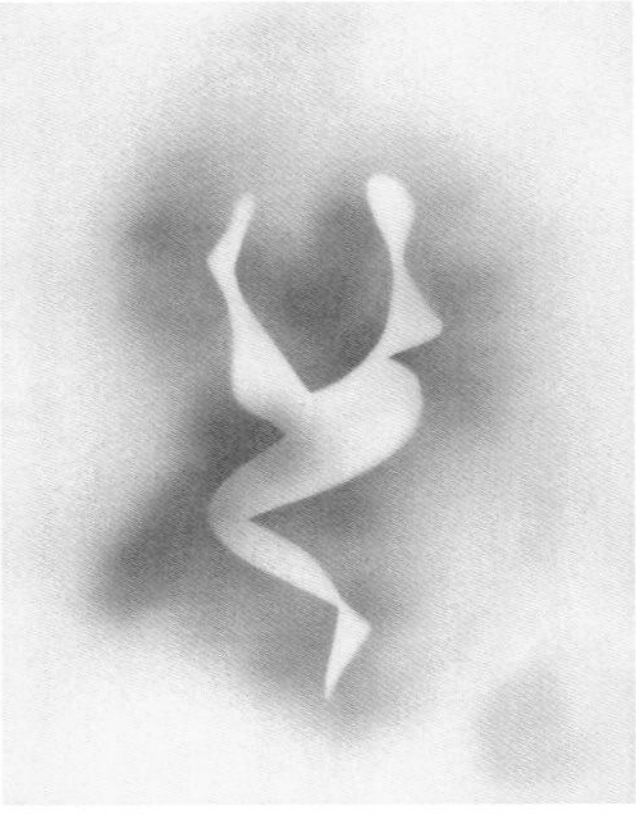
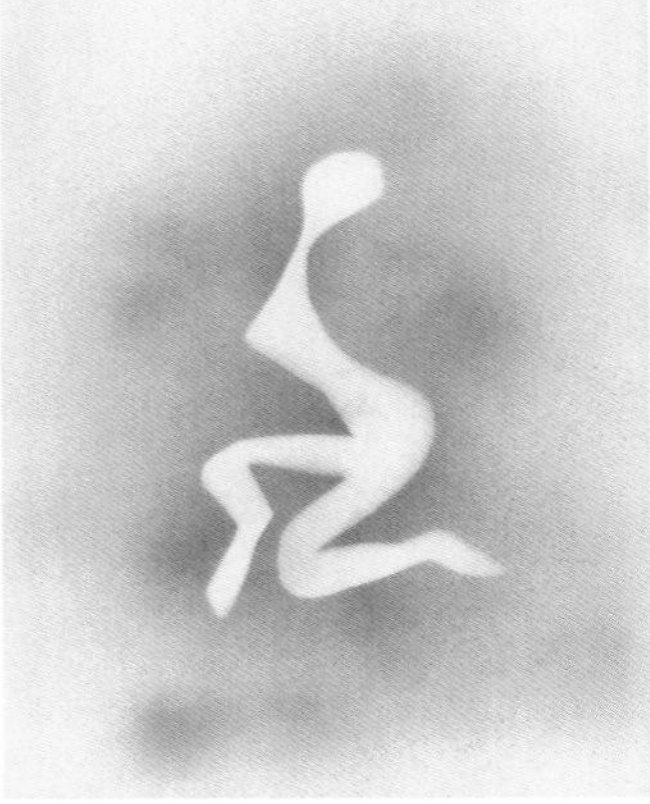

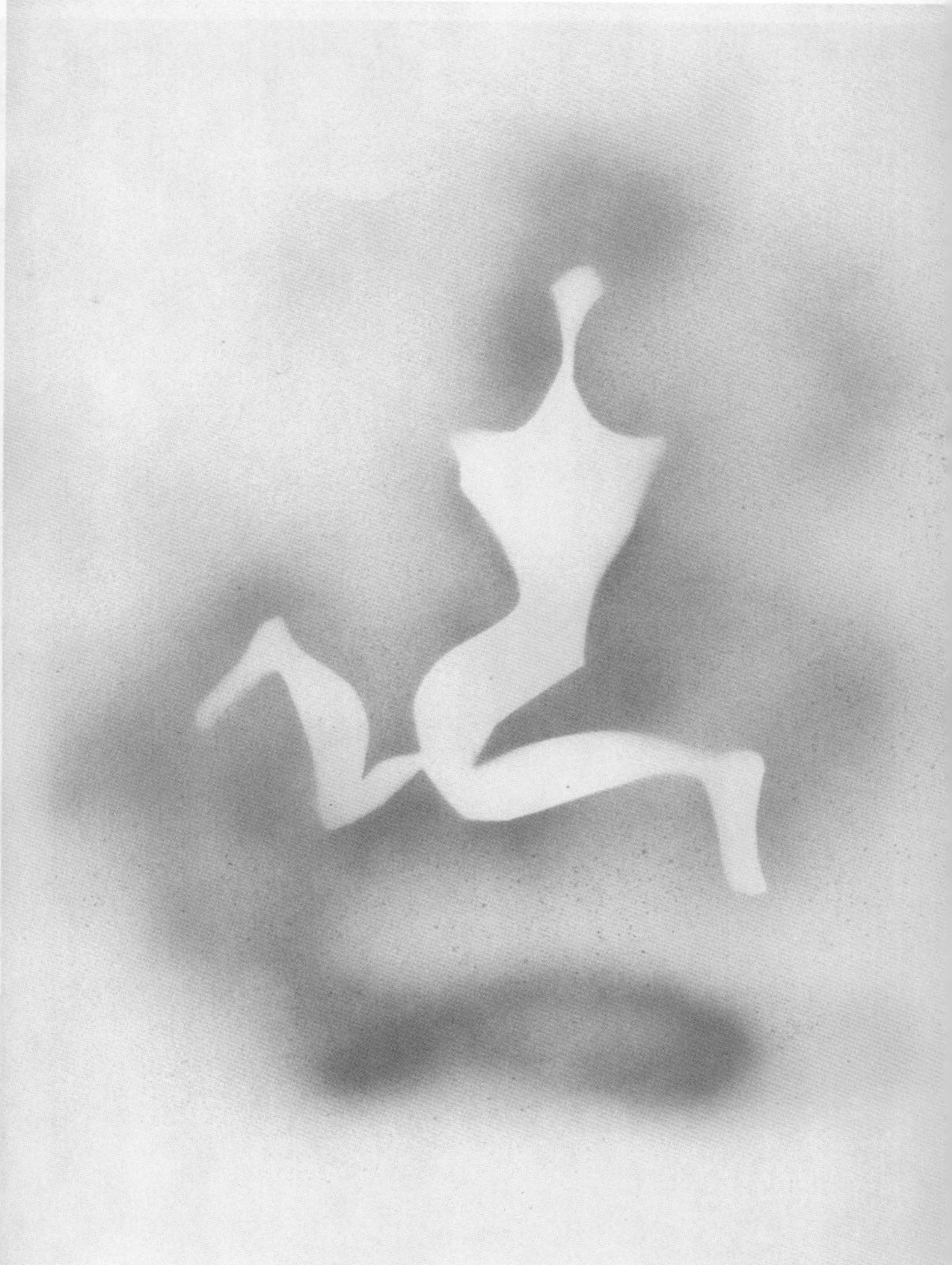

ピスタジオの顔

ピスタジオを食べながらその殻を見ていたら着物の縮緬生地に似ていた。殻の形は顔型、そして地肌は縮緬皺なので目鼻を入れてみたくなりペンを持つ。地肌の皺が微妙に違い、殻の膨らみや形も少しずつ違うので一つ一つの表情が生まれた。止まることなく暇に任せて五、六百個は書いた。次にその顔を並べてみると相性が合う顔、合わない顔があり、テーマをつけて並べた。

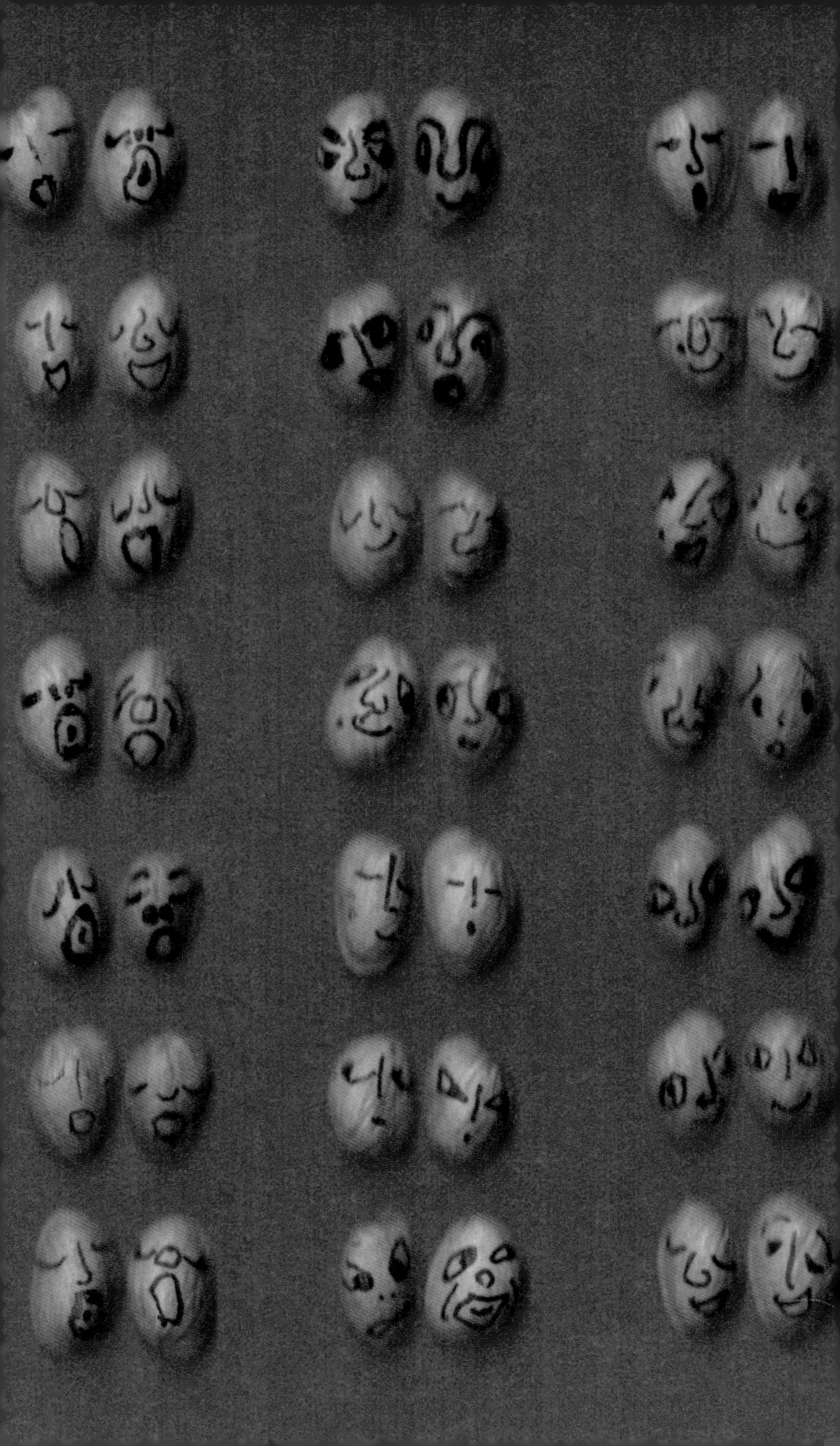

こけしらは
都忘れに
思い寄す

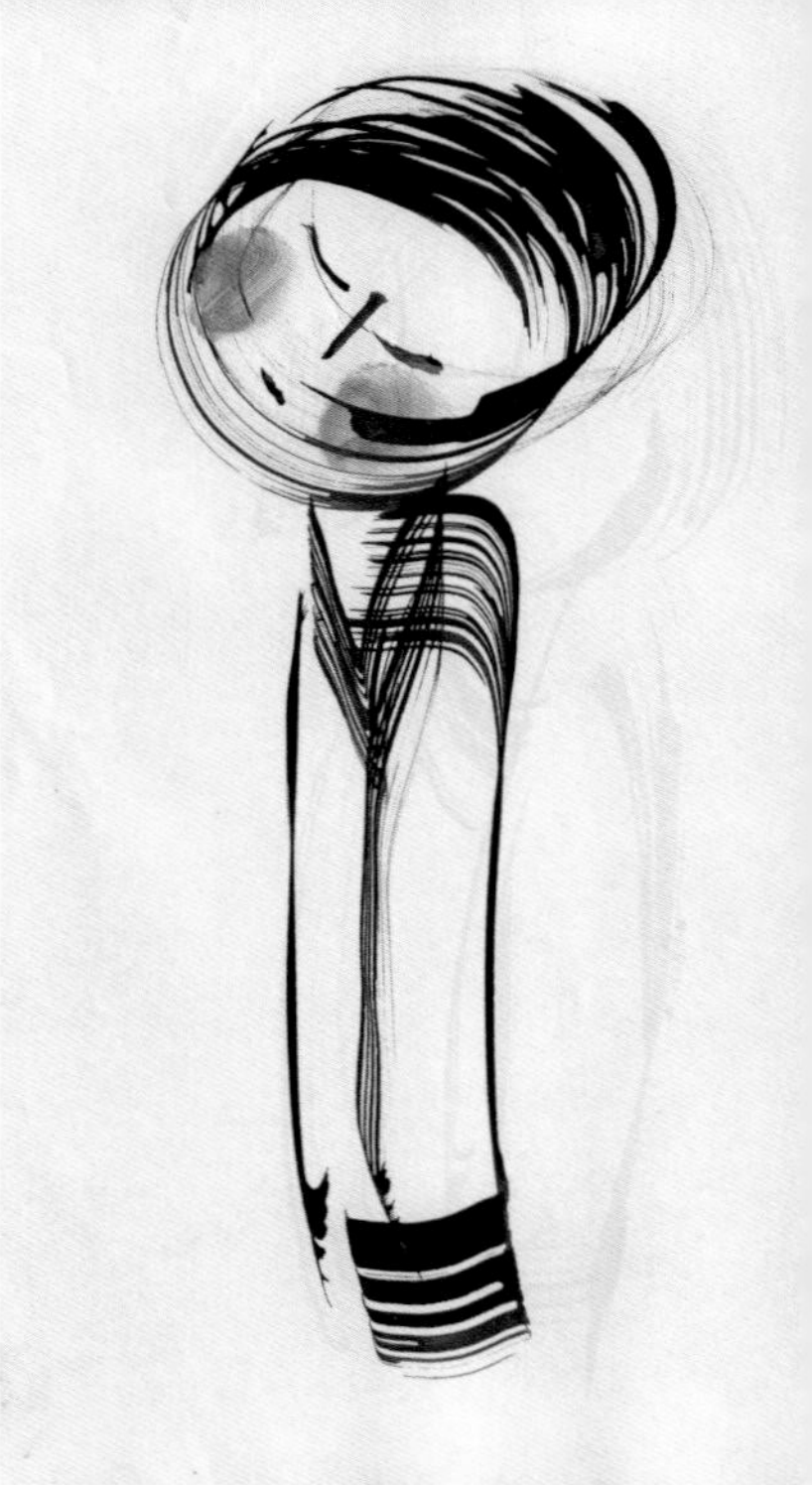

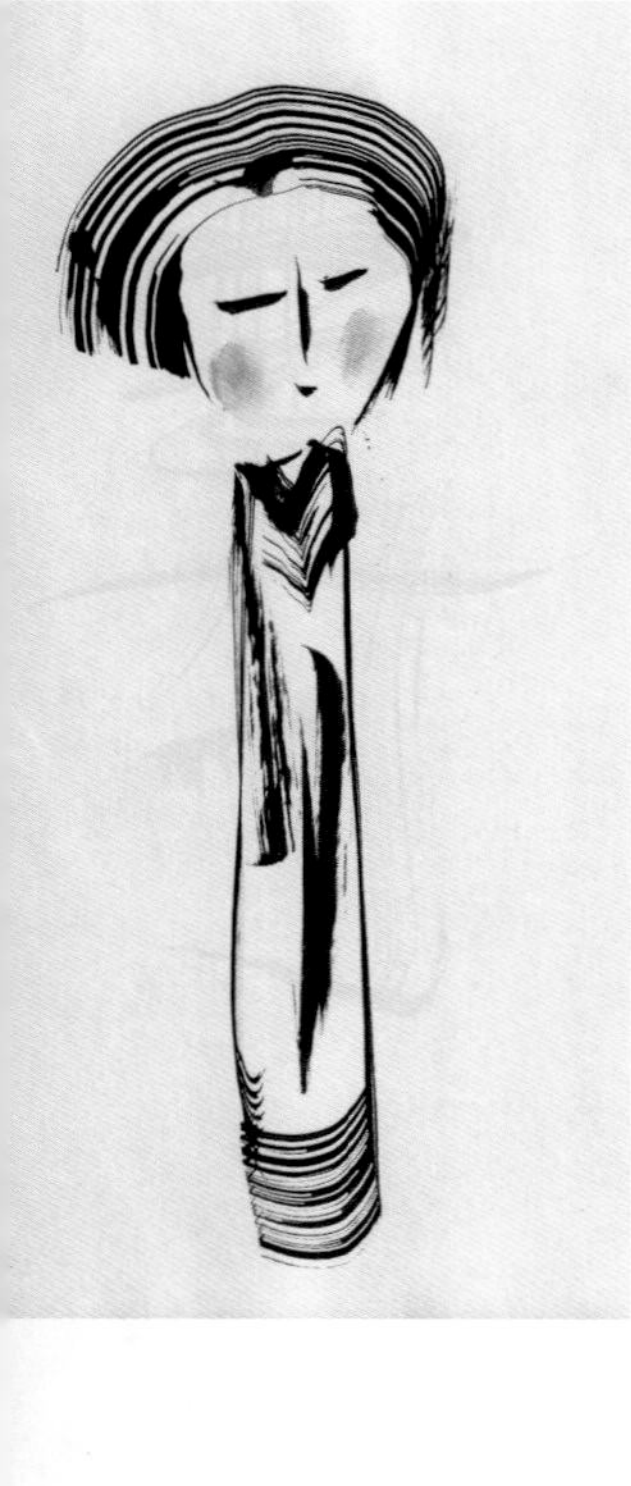

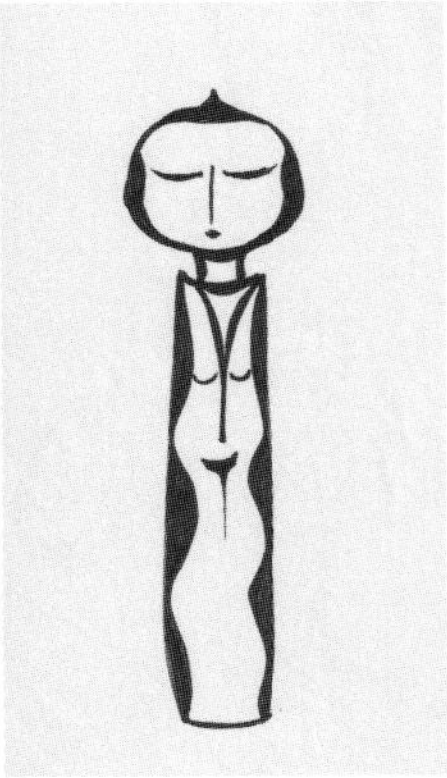

洋服姿

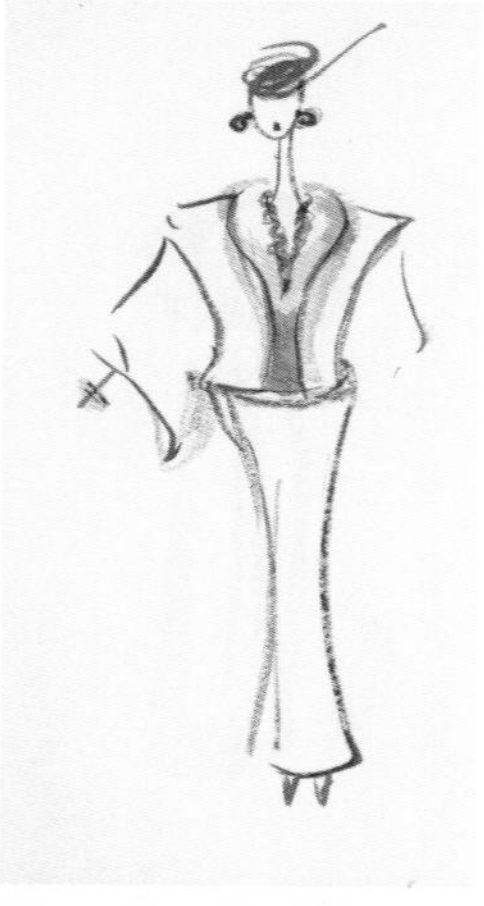

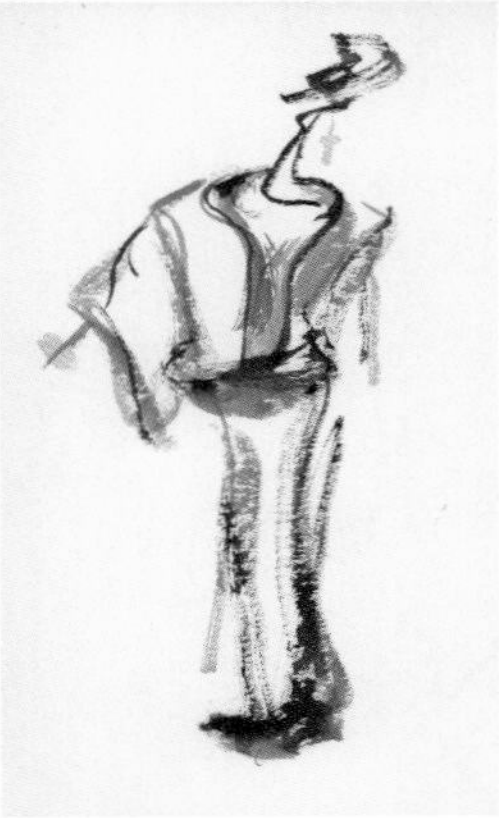

女の姿情 拾遺

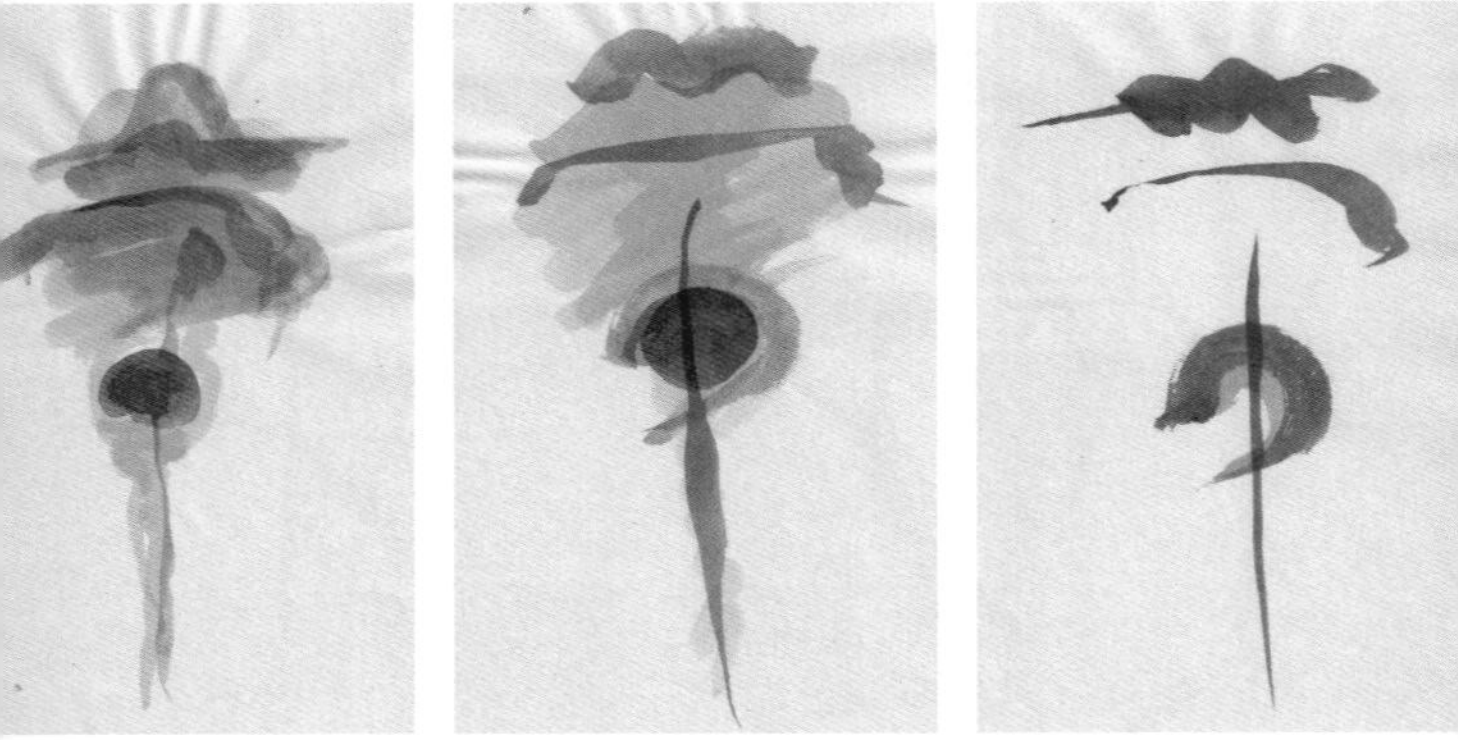

帯文字カラー

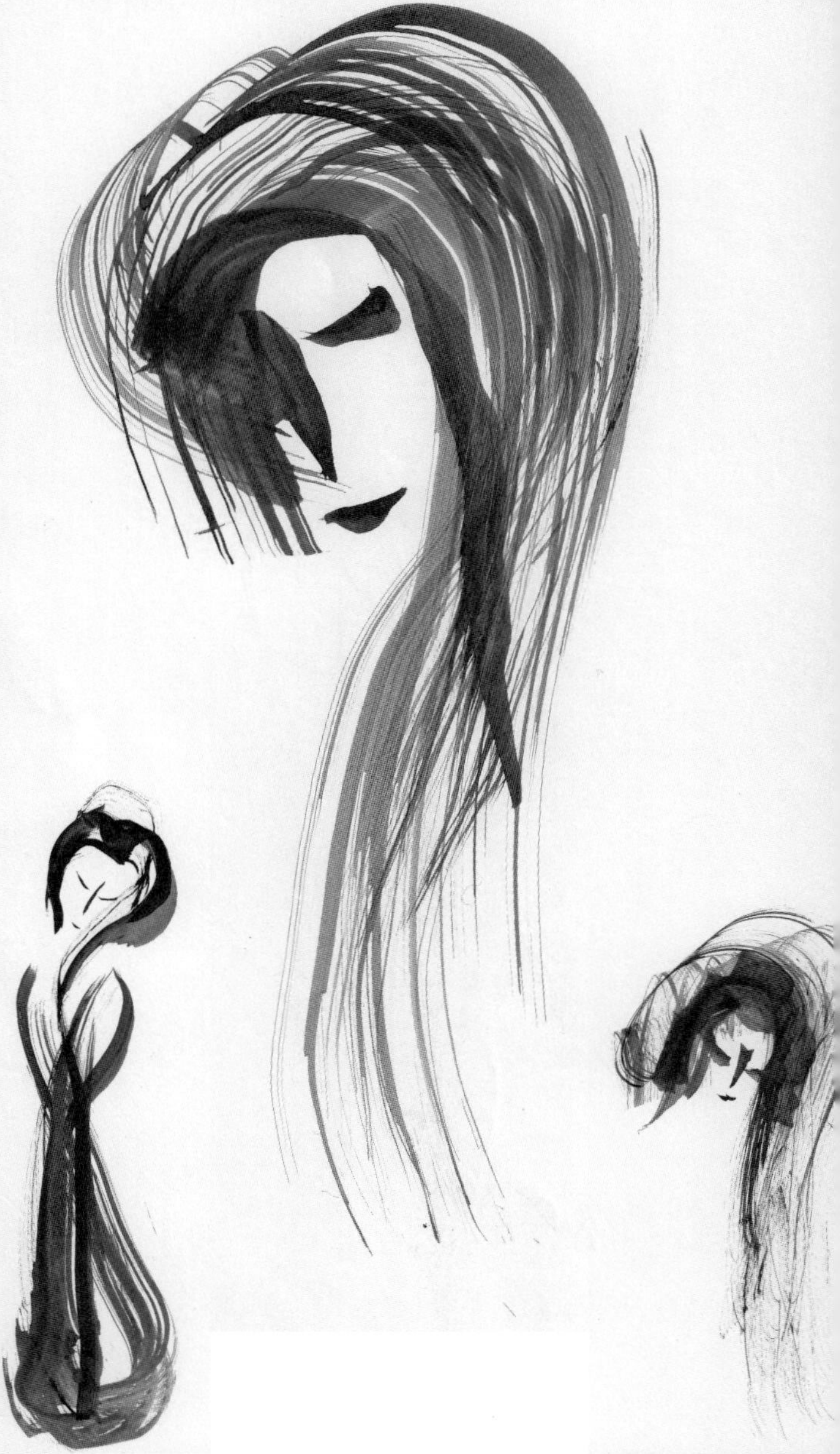

線描きのこと

曲線は
心の波・我儘な波
優しい波・怖い波
嫌いな時は逃げ、交わりたい時は寄りそう
彷徨い、孤独を嘆かず
したたかに流れていく。
私は曲線が好きである。

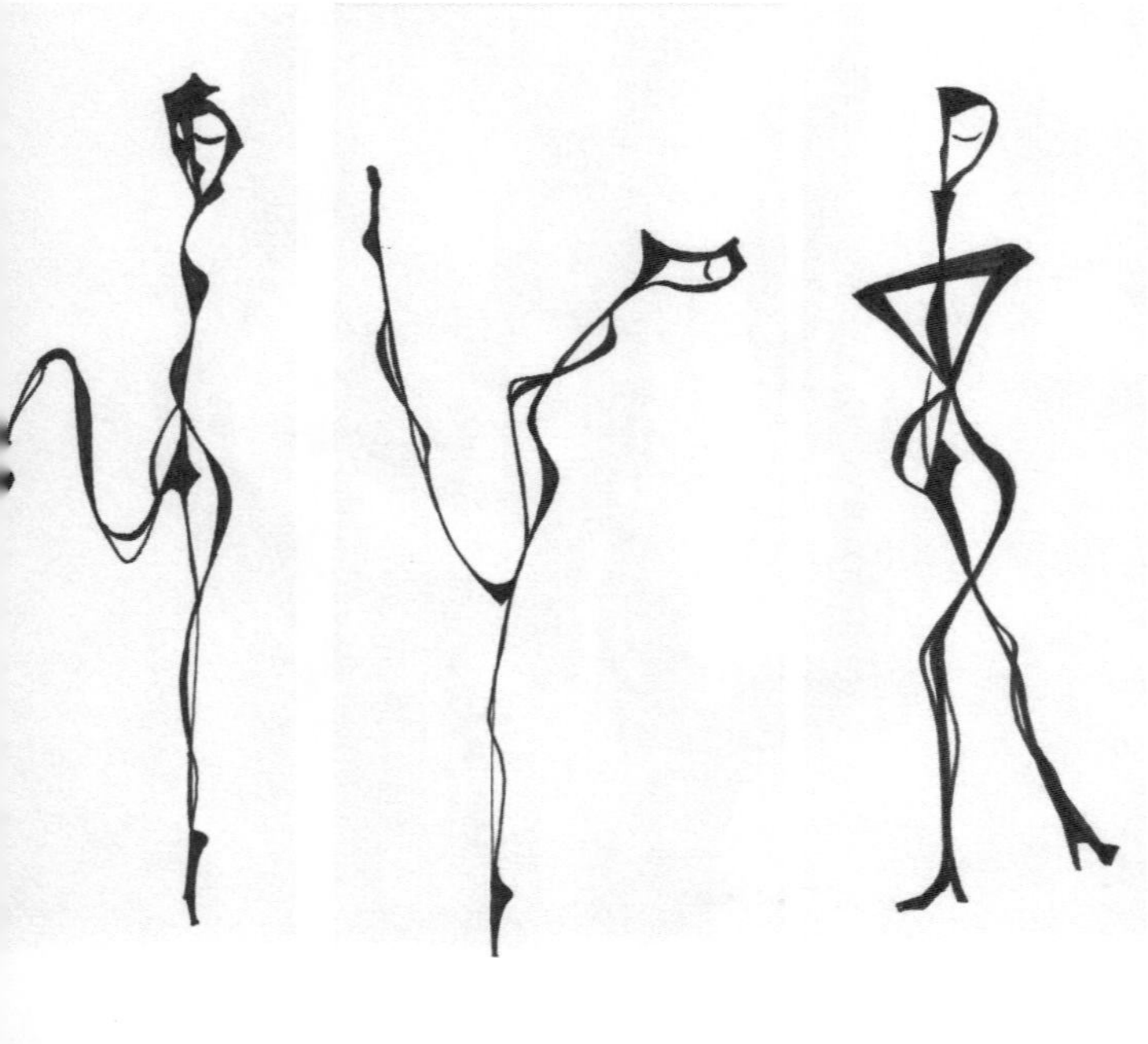

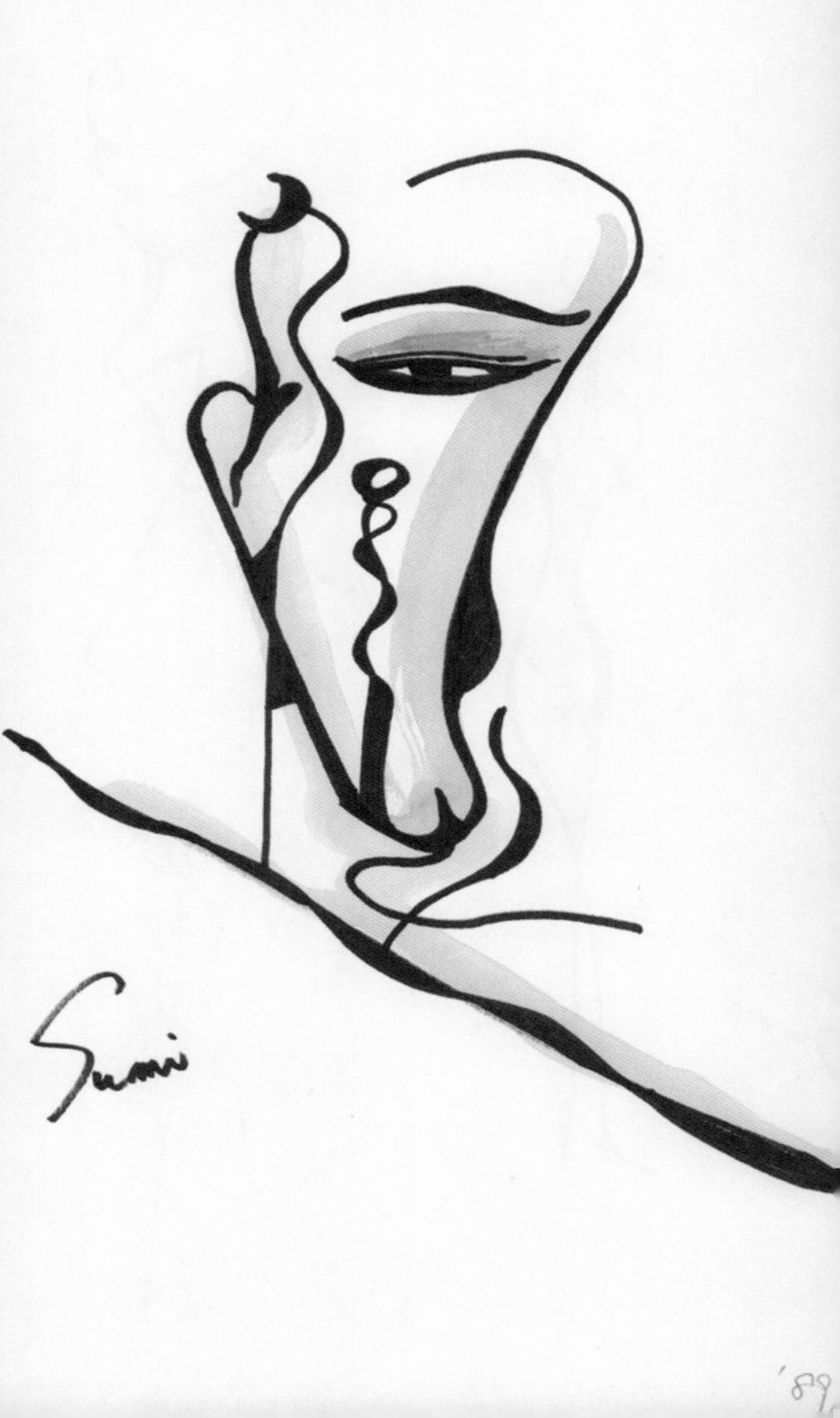

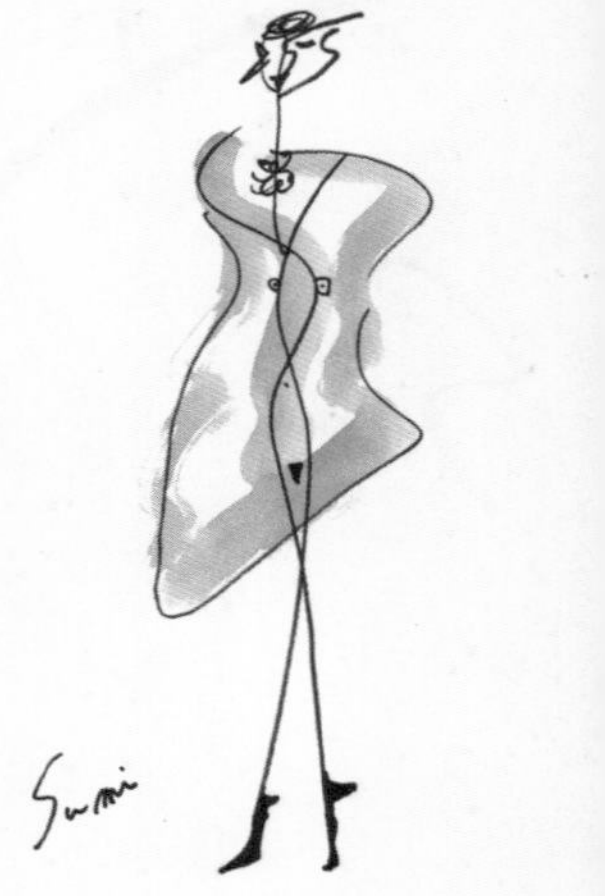

Sawai

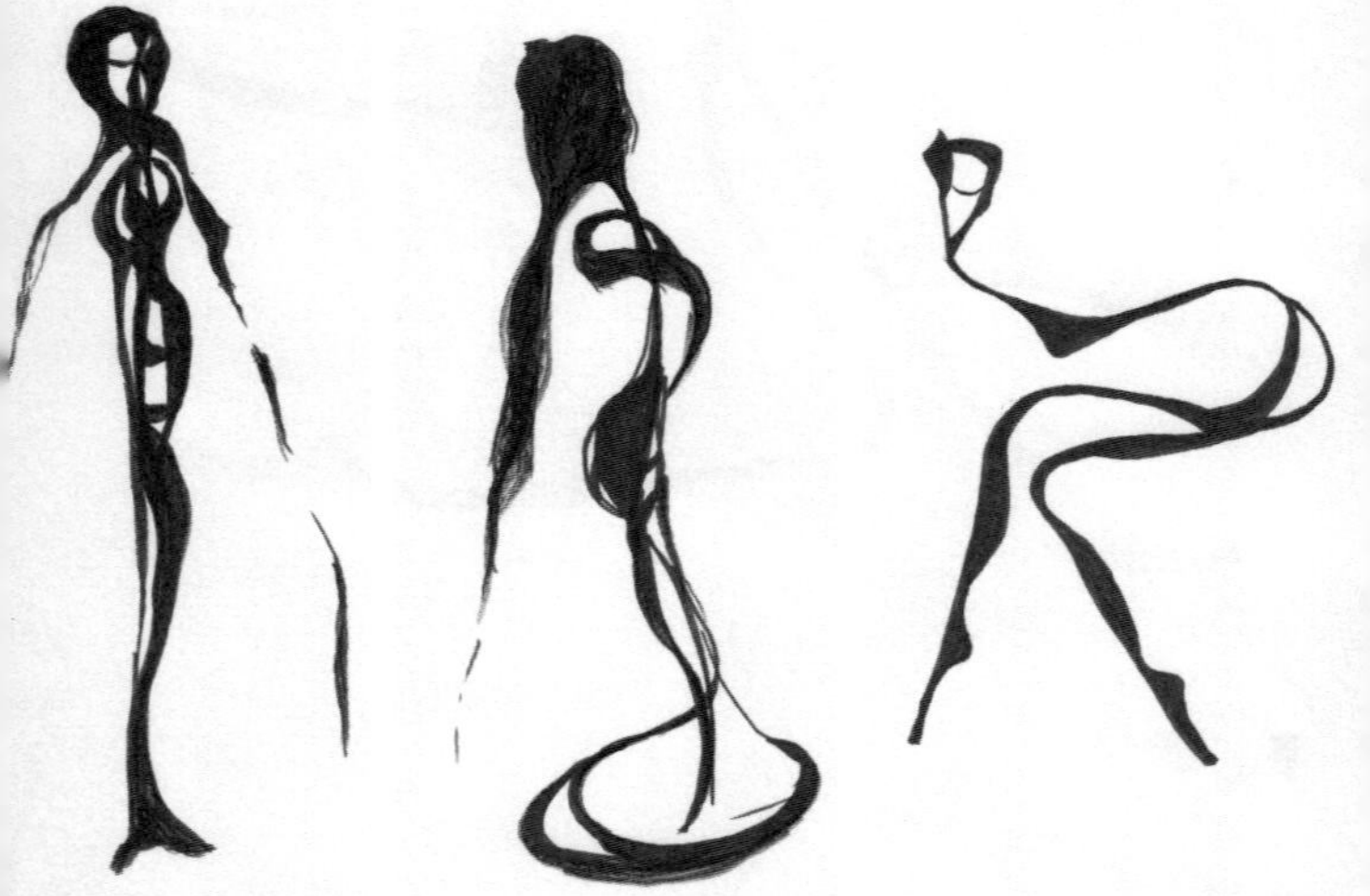

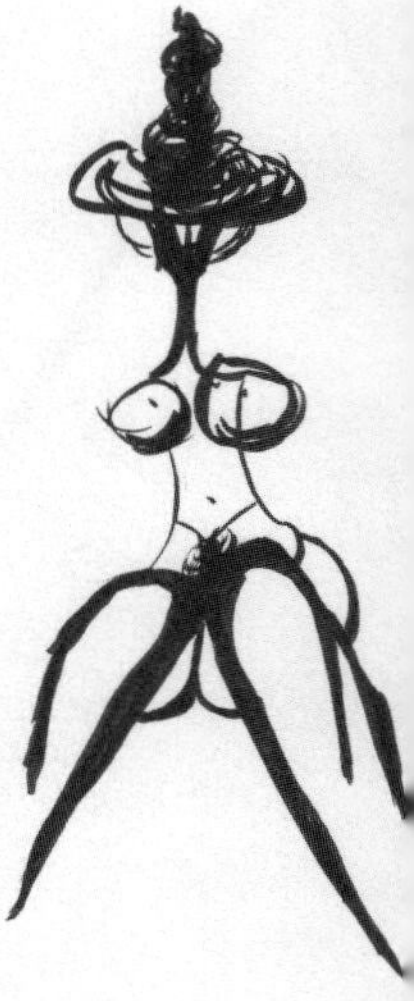

線の動姿

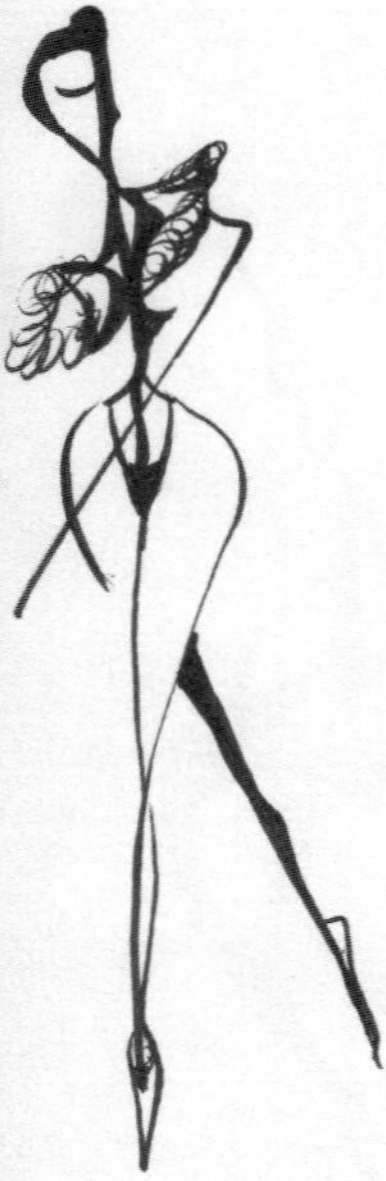

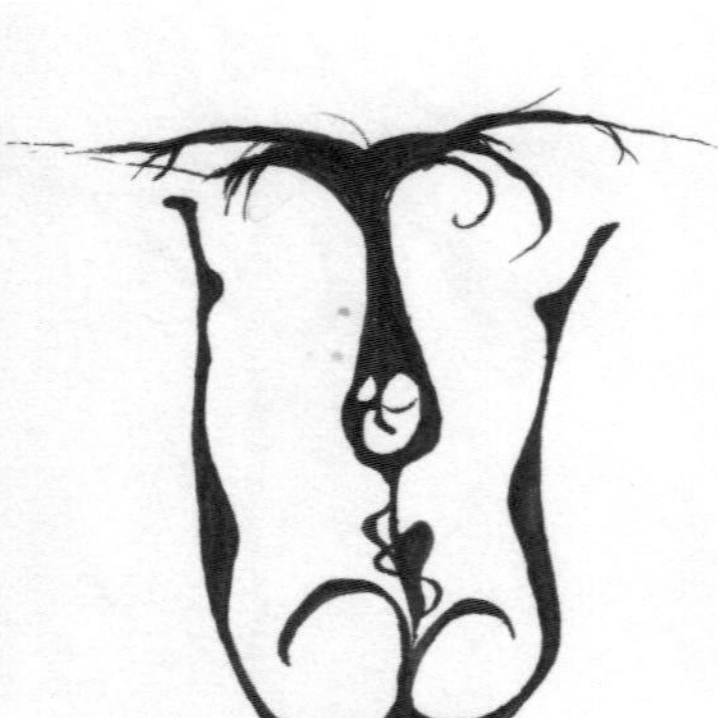

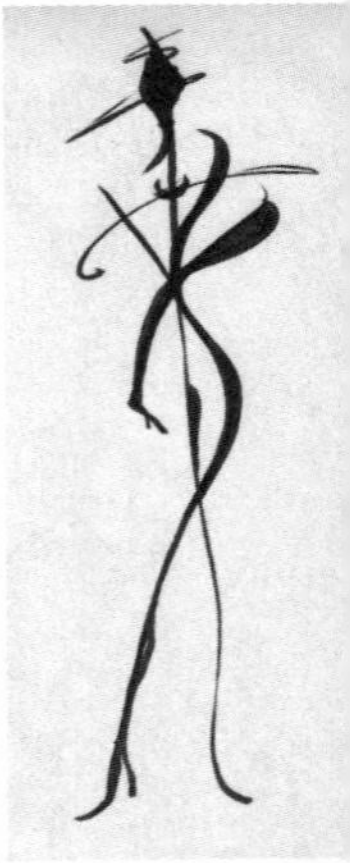

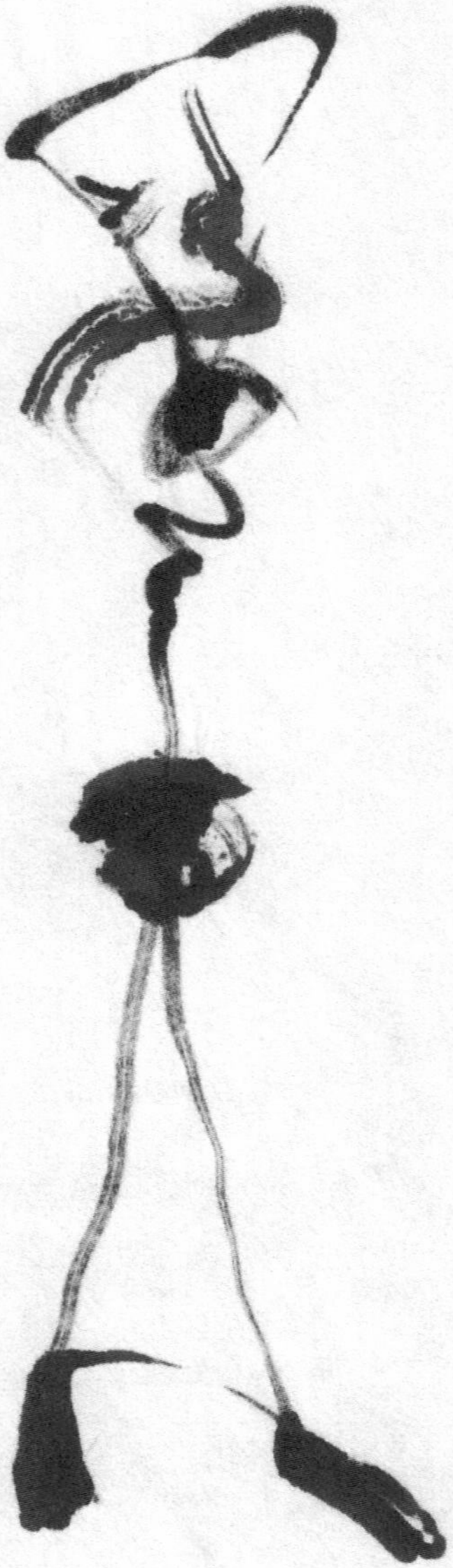

帯の顔

帯文字を書いて魂呼ぶ
マムシ草

帯に魅せられて心奪われ続けた。なぜこんなに長いのか。女性は二巻き、男性は三巻き。
夜の静けさの中で帯の文字を書く。書きながら文字から帯の魂を感じるのではないかと書き続ける。

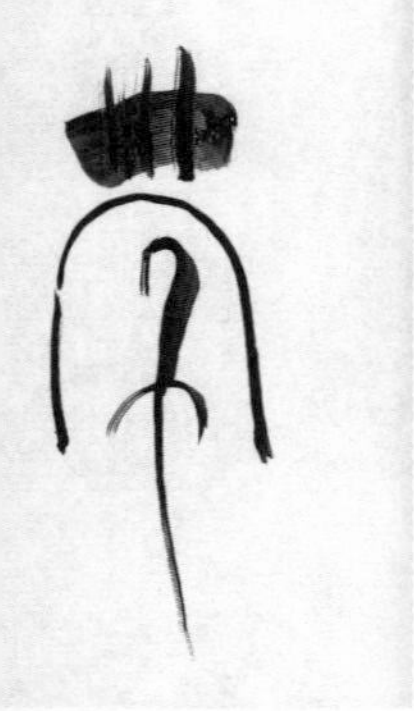

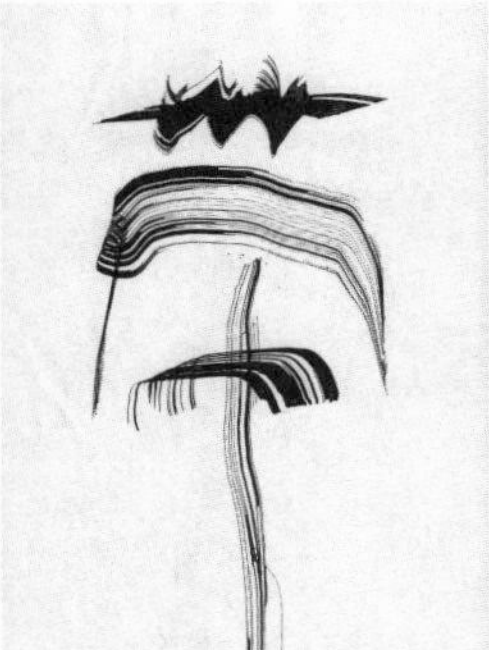

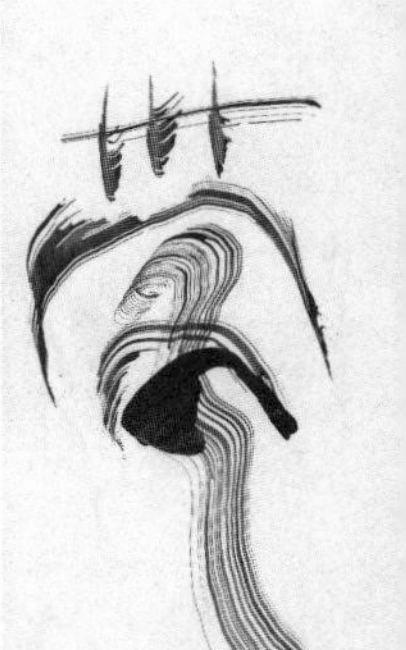

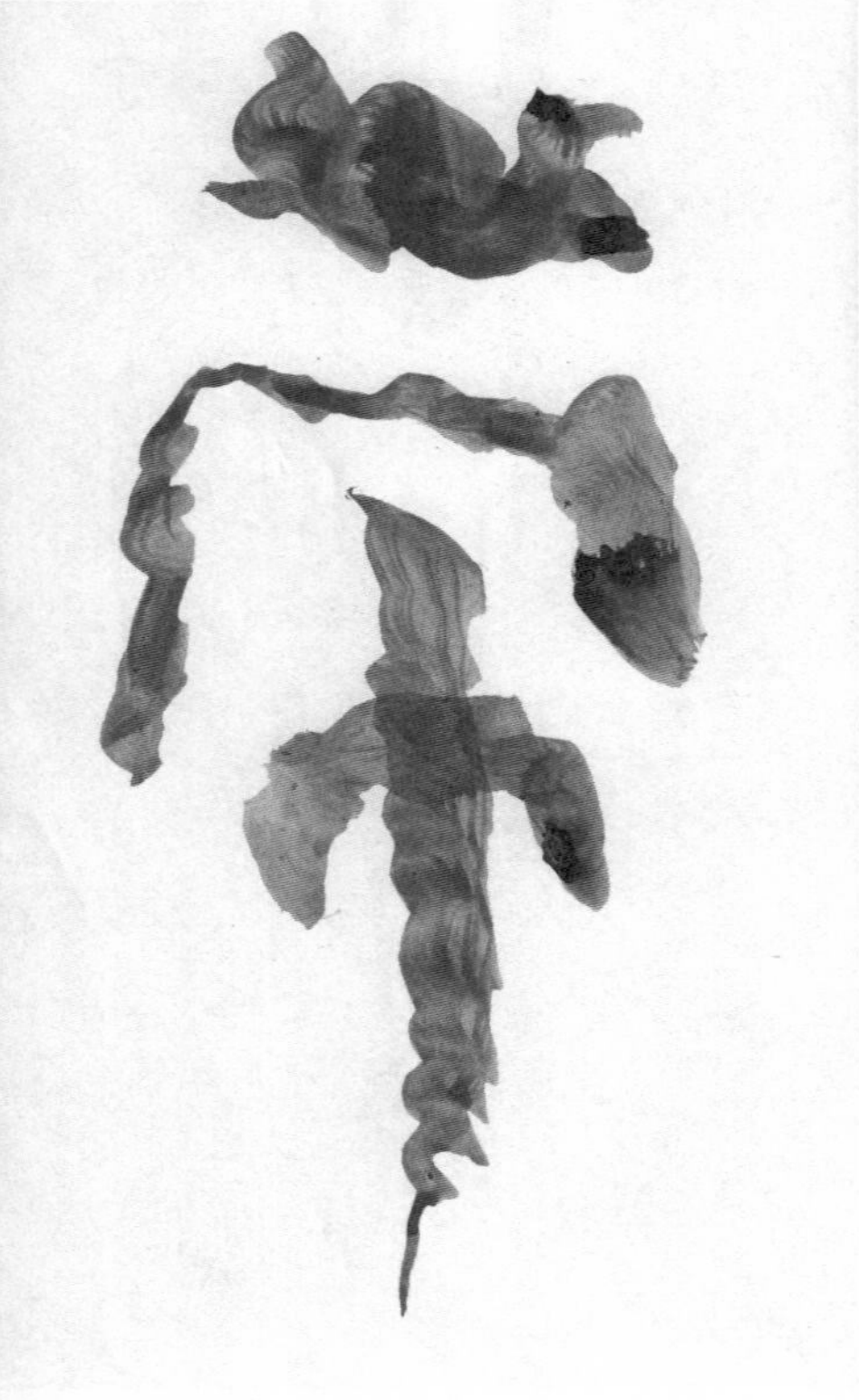

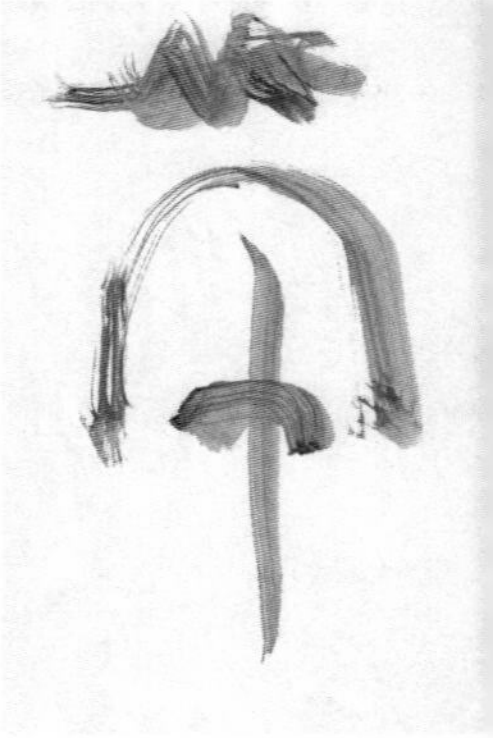

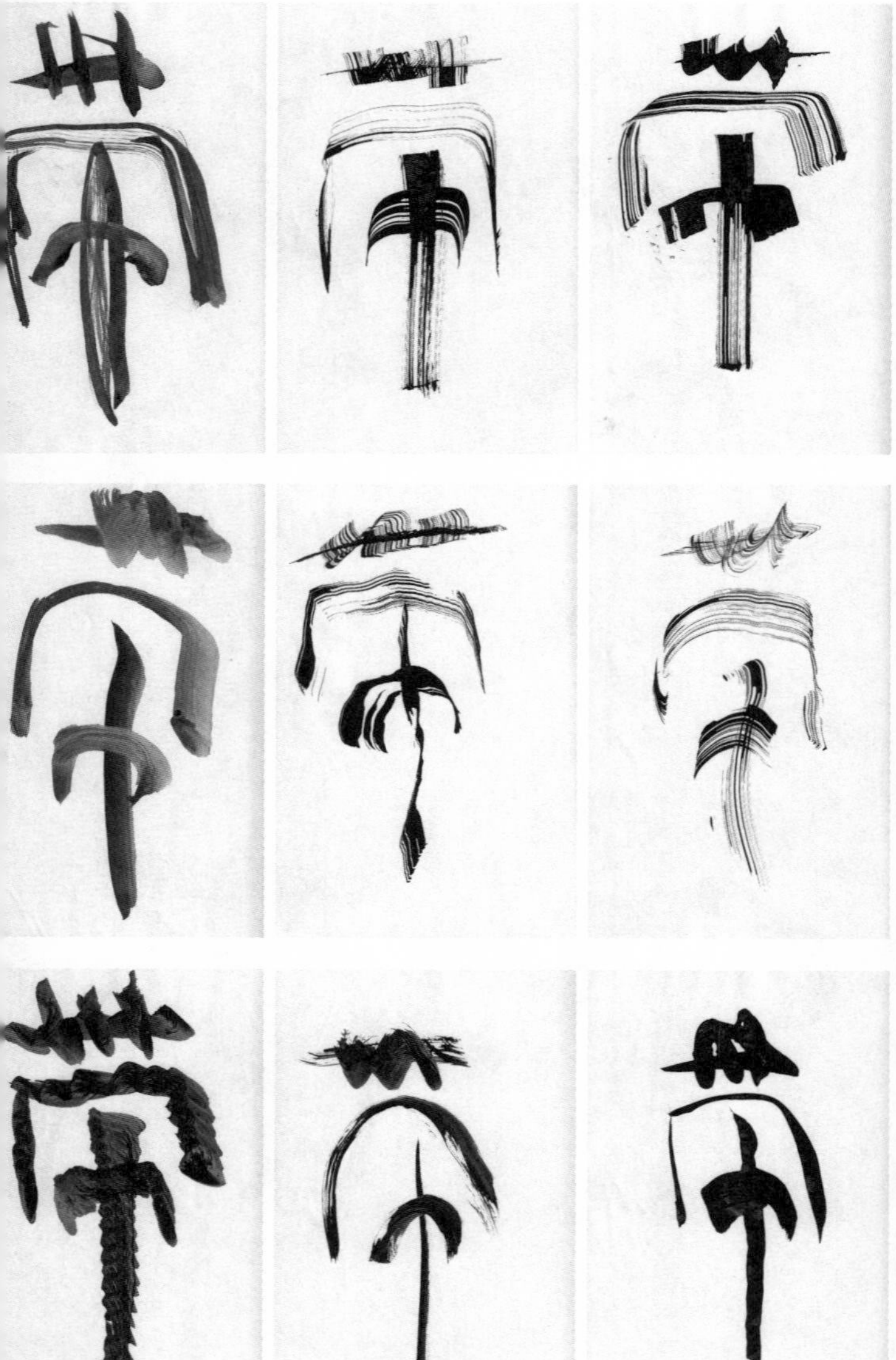

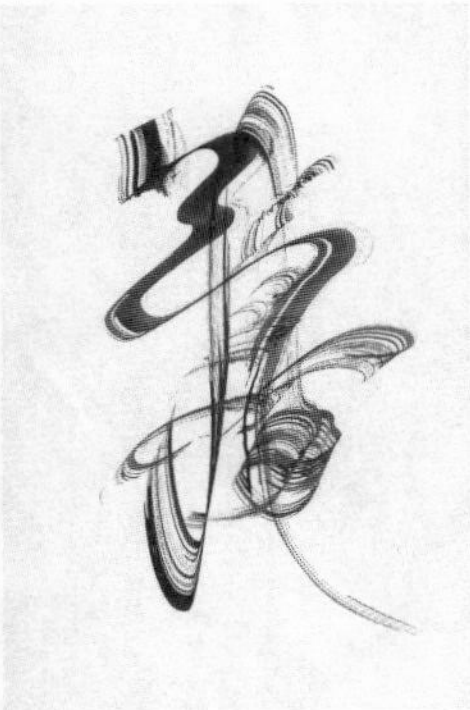

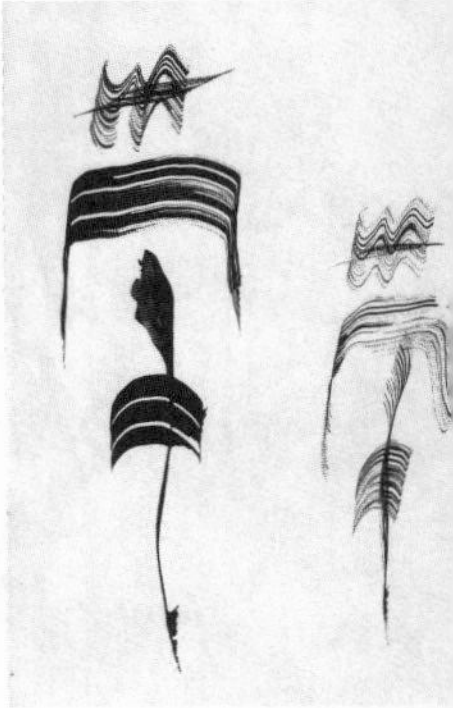

寒の水 こころ探しの 筆の跡

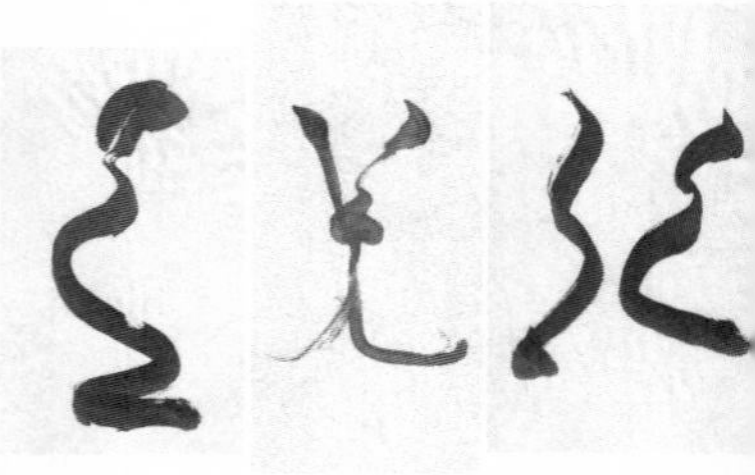

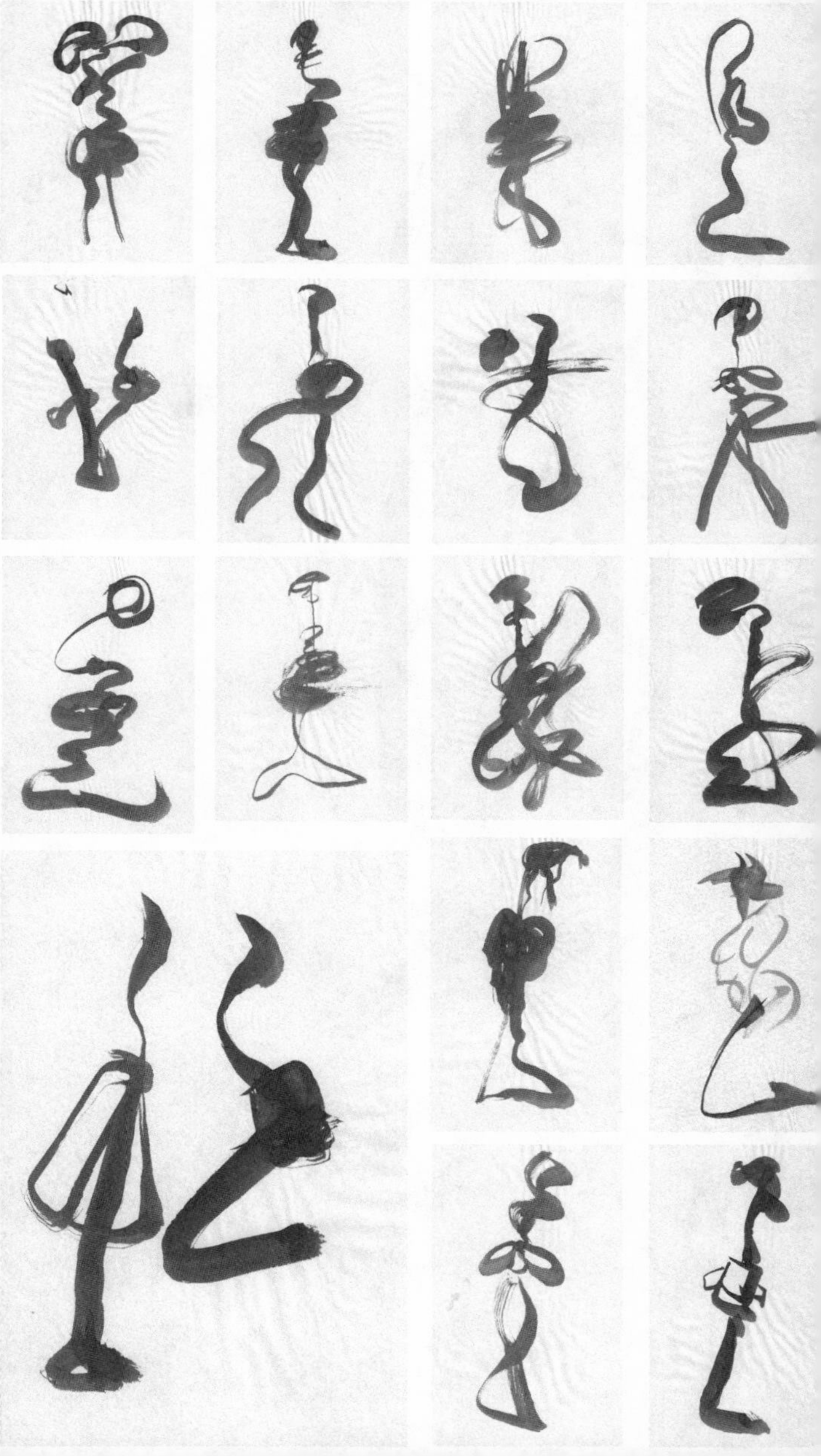

地蔵描く
無言で諭す
秋の海

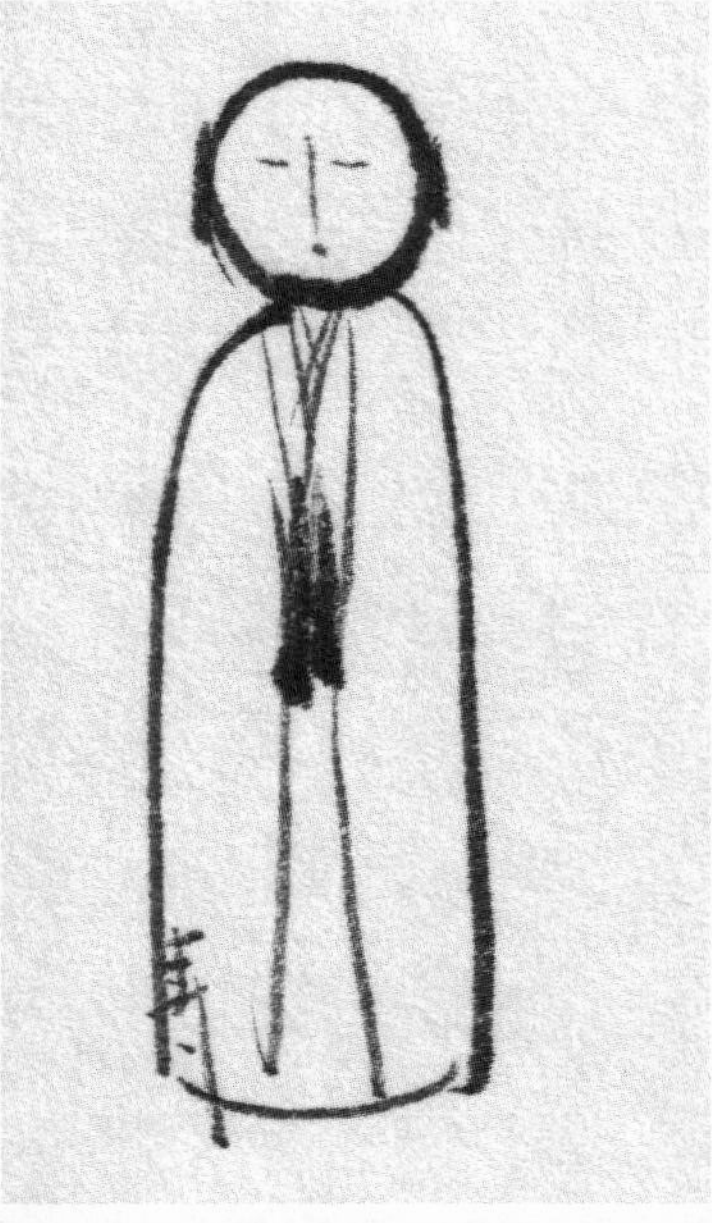

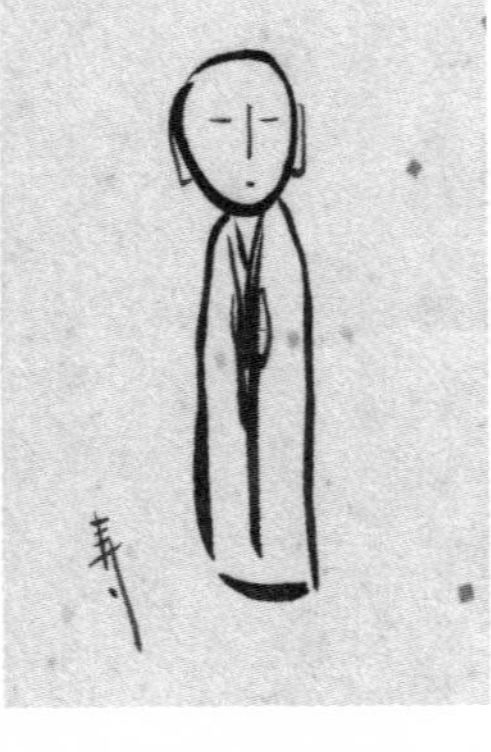

雨と地蔵

猫も曲線

◉愛猫　猫も曲線
あるコマーシャルで「猫は布である」と言っている。
私は「猫は曲線である」と言いたい。
時々愛猫と喧嘩すると彼女は太い硬い線を描き
嬉しい時は優雅な線を描いている。
人はこの曲線に癒されているのかもしれない。
そして着物を着ている女体は猫の線に似ている。

笹島寿美の　きもの詩

◉帯結び隠さんとして羽織着る　恥じらいつつも笑みは消えずに

◉帯の柄トナカイ・サンタお星様　きものは緑でクリスマス

◉小さめに喪の帯結ぶ細き背な　締めたる帯にささえられたり

◉解く帯の結び目引けば絹の音　鳴るは蚕の挽歌に思う

◉黒ちりめん木の葉の並ぶ小紋柄　無地の帯でも合わせましょうか

◉腹に帯締めて精魂こもりたり　義太夫語る上下姿

◉背を反らし帯の形を直したる　光るガラスに姿映して

◉帯解けば竜のごとくにまきついて　縞の模様が大蛇に見える

◉解く帯の結びシワよりしのばれる　機を織る師の技の凄さよ

顔を描く

「奈良の大仏様は私をどんな顔で上から見ていたのだろうか」と思った。

その顔を描こうとペンを持った。それを機に血が騒いだのか、描くこと二十日間ほど続いた。

大仏様以外の顔を描く時には無意識状態、ひたすらペンの走るままである。

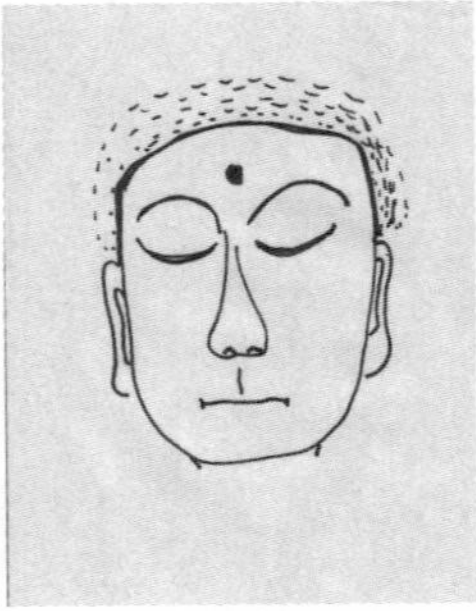

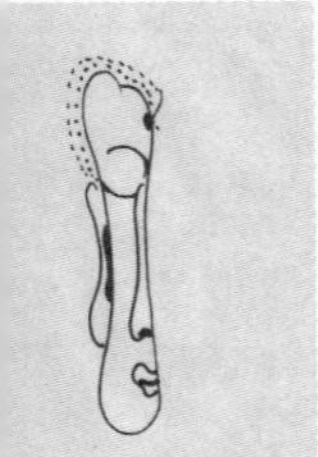

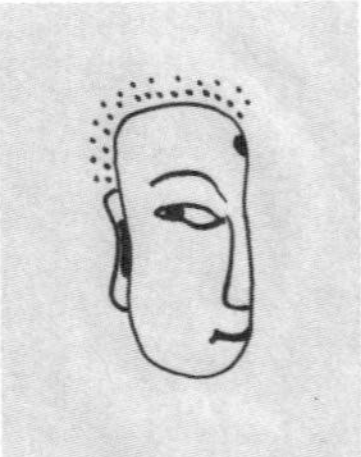
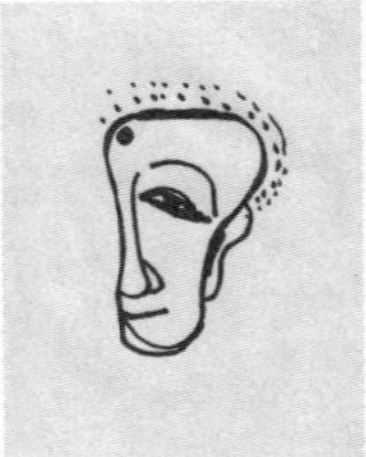
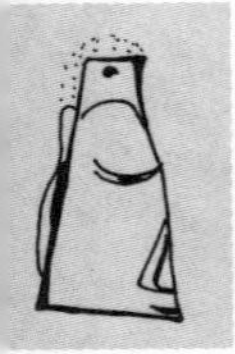

顔の顔

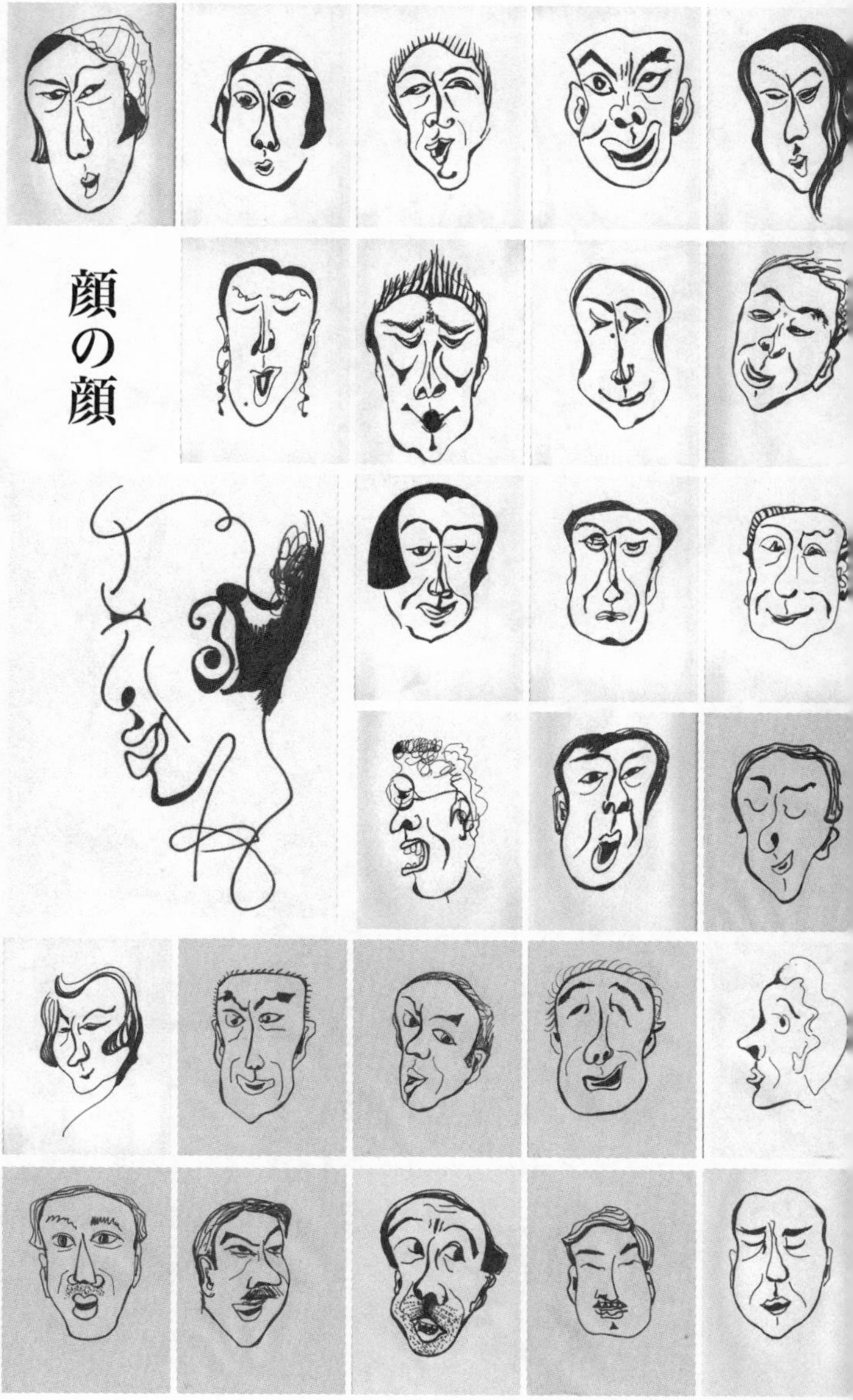

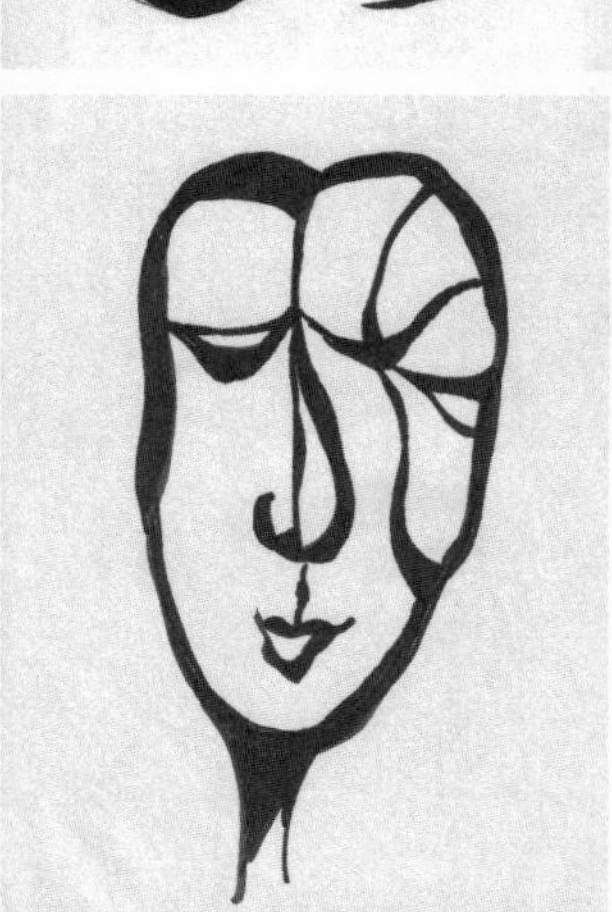

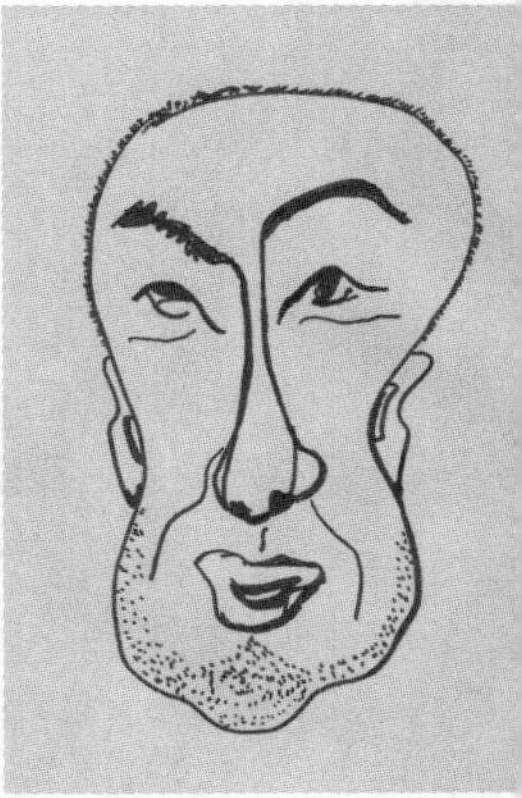
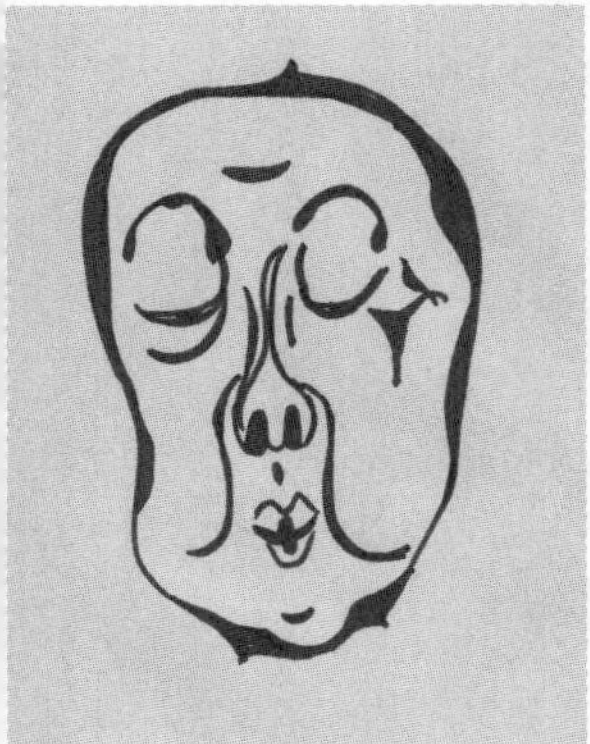

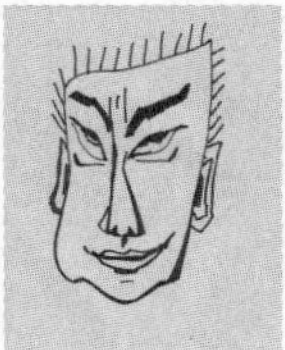

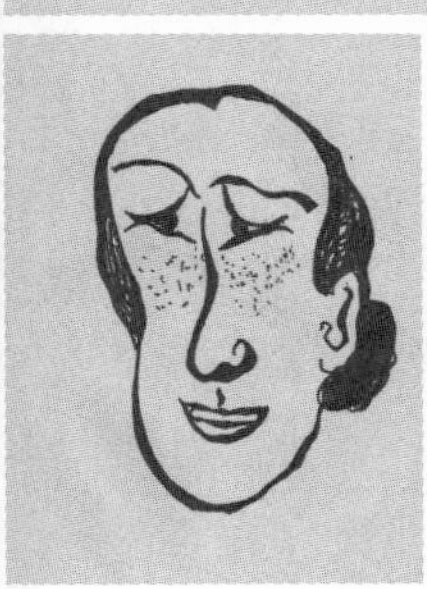

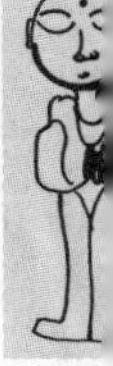

般若の笑み

般若というと恐ろしいというイメージが定説で私もそう思っていた。ある夜、度胸試しではないが蝋燭の灯りだけで般若の写真を見続けた。人の感情は究極になると笑うか泣くかのようである。顔がこのような般若の形相になるまでに煩悩はなくなり、無の心境になるのではないかと思いはじめると徐々に笑い顔に見えてきたのである。

笹島寿美 心象幻画集『帯・着物からみた女の姿情と曲線』に全画800点を収録しています。感動、必見！です。
この般若画は約1m四方の大きさで10点あり。(編集部)

【付】

男帯の結びかた

着物の文化技術は、日本語が持つ述語制という本質的な問題と関連して、西欧的合理性、その主観的主体と客観的客体の分離を超えていく、非常にたいせつな深い文化の〈非分離〉の述語表現に関わっている。しかも、場所ごとの異なる文化となっている。（編集部まとめ）

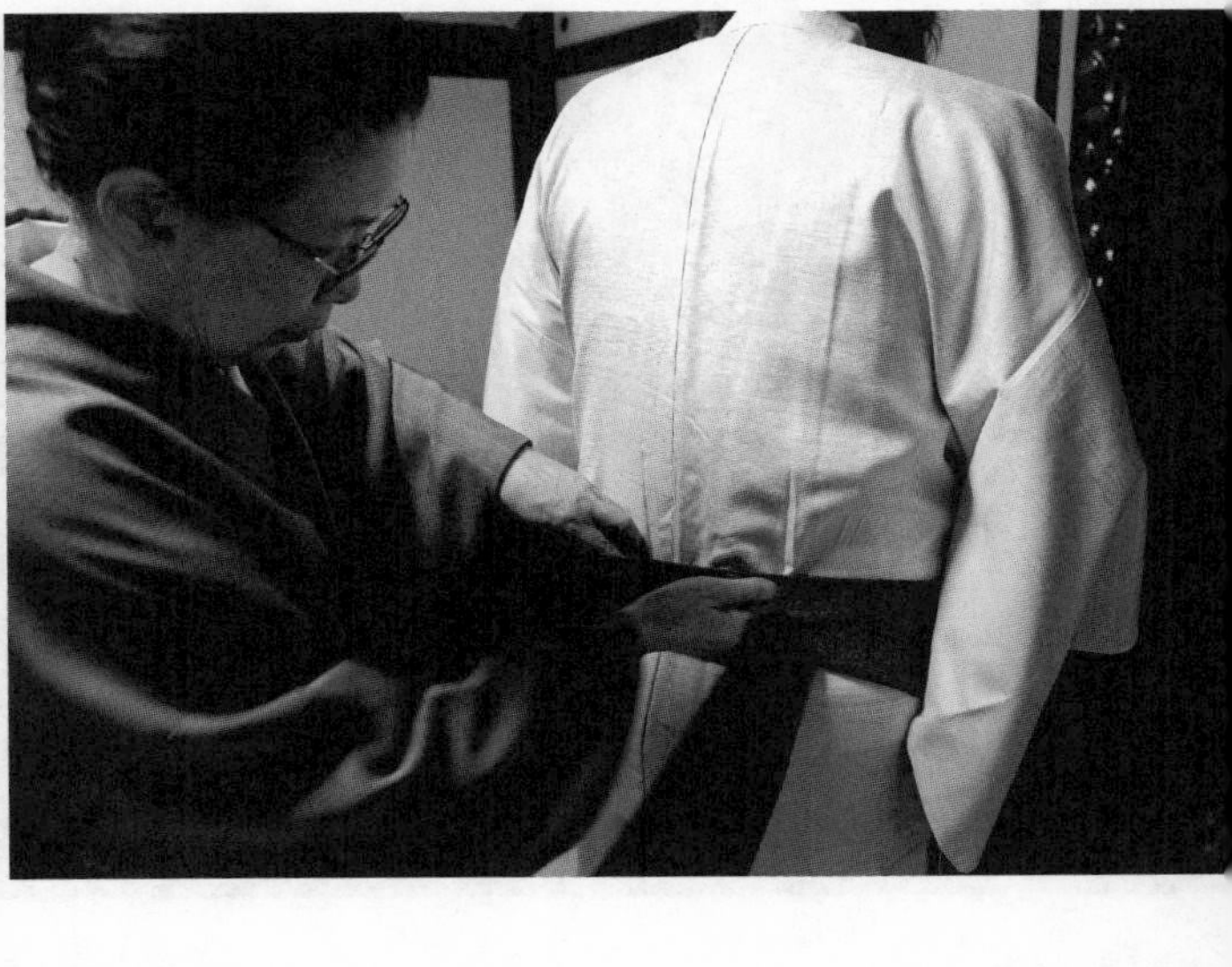

きものを着るということ

「きものを着ることにより、独特の所作が生まれます。とても見事に計算された衣服です。海外では、生地を先に作ってそれを人間が纏うことができるように考えられましたが、きものは人間が着るものとして最初から作られています。長くてひらべったい帯は、私に人生を教え、日本人の精神と文化を感じさせてくれました。」

50年以上に渡って着付けを行ってきた笹島寿美さんは、日本の風土や生活習慣のなかで生まれ、育まれ、長い年月をかけて形作られてきたきものと帯について、両者は切り離せないものであり、帯は人間の魂が宿るところだと話す。桃山から現代までの帯結びを後世に残すために考案された帯結びを写真で示す。

きものと帯の素材を見て、着る人の体格に合わせた着付けと帯結びを瞬時に判断する。男性の場合は、女性と違ってお腹が程よく膨らんで出ているほうが着くずれを防ぎ、男らしさを感じられる姿になる。細い体型の人には、タオルなどを巻くこともある。

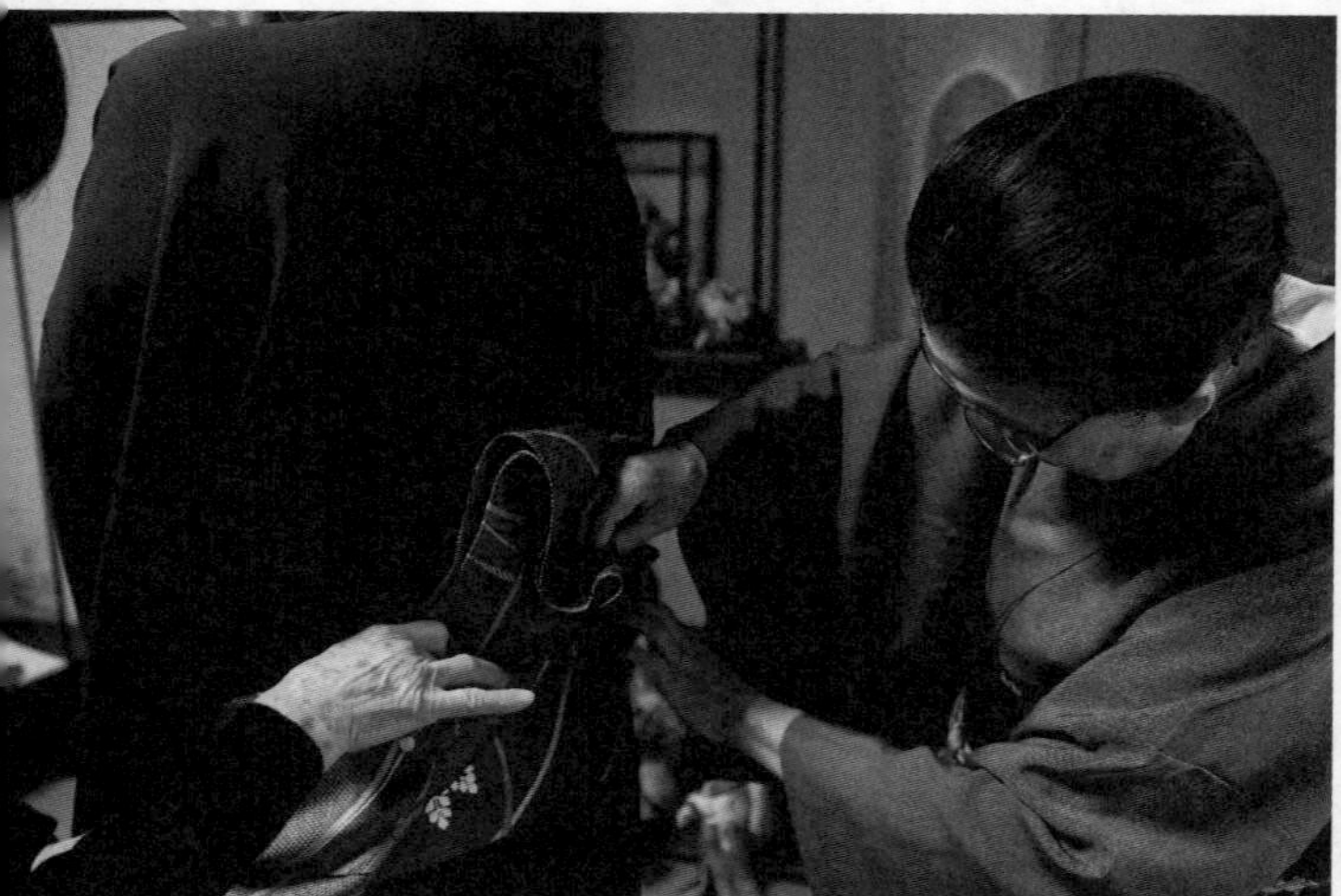

◇背を反らし帯の形を直したる
　光るガラスに姿映して

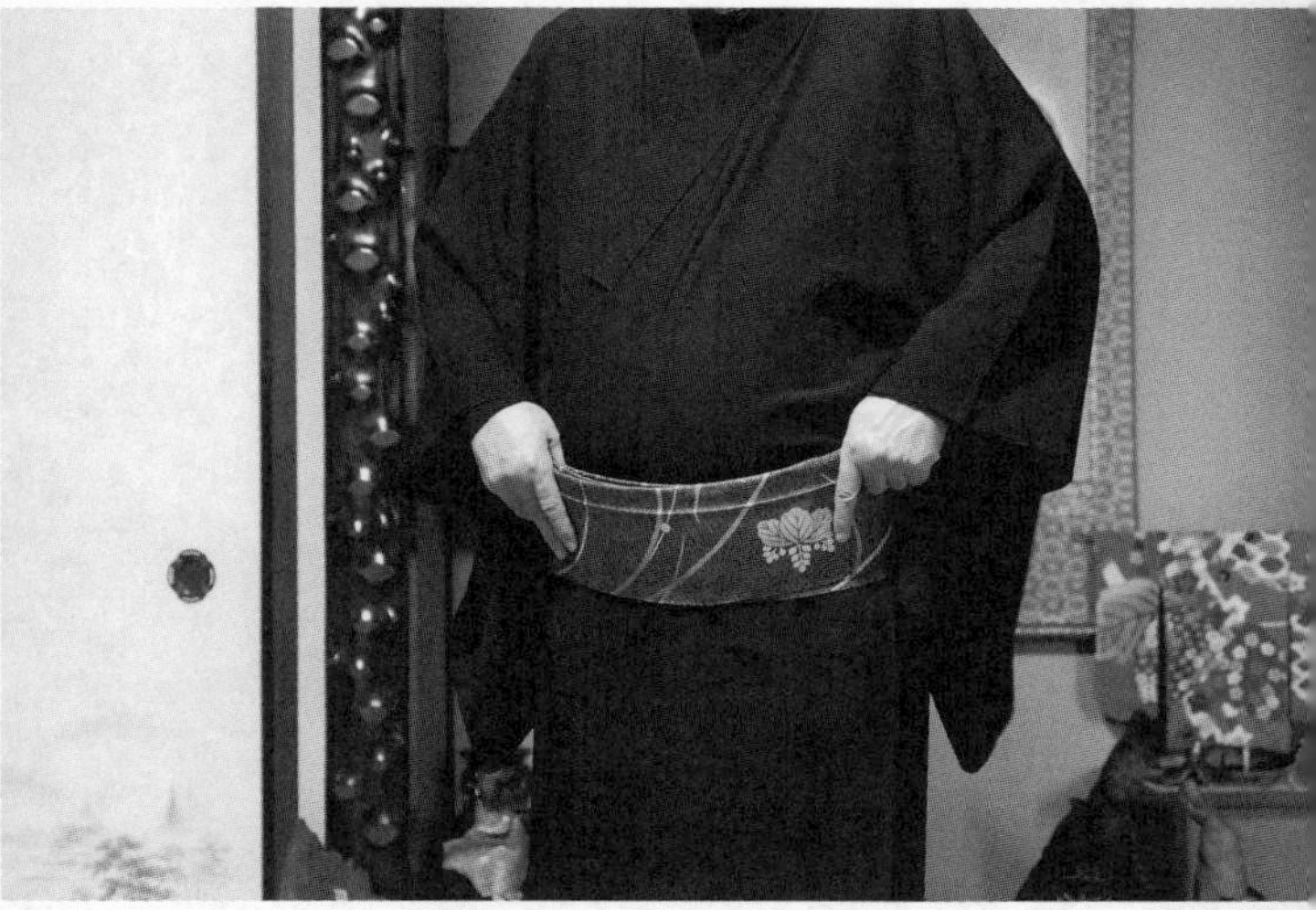

◆迷わずに想いの限り頼りたる
我を支える帯の長さよ

◆きものには欠かせぬ帯の博多織
歴史のこして愛されつづく

衣服としての着物は、誰もが知っている日本の民族衣装である。しかし、そこに内包されている技は、ほとんど認識されず消えつつあると言っていい。着物とは、平面的に構成された服地の中に、綿密に計算された寸法と身体への技術がこめられており、それをどう着こなし、どう他者性と自己を位置づけてゆくかといった文化の側面が非常に大きな意味を持つ非分離の設計を内側に持っている。例えば、襟ひとつを取ってみても首の動きを規制せずにきちんとかたちを保持するための寸法になっており、深く合わせることや開けるなどの表情づけをして、ひとつの着物に身分や状況、着る者の意志を述語的に表出させてゆく。

つまり着物とは、衣服としての物質性の側面だけではなく、それを「着る」「着方」という文化と技術の領域が実に豊かで奥深いと笹島氏は言う。

「昔はどこの家でも毎日当たり前のように着物を着ており、家の中でその技術が伝承されてきた。ちょっとおかしければ、妻が夫の着方を直し、母が子の着方を直し、としていた。それが今は年に一度も袖を通すかと言った状態ですから、技術はほとんど消えかかっていると言っていい。でも、着物というのはどこまでいっても未完成なものだから、常に人が関わり、また自分で調整して、そうして（周辺との）関わりをつくっていった世界。手を握り歩くなど昔の夫婦は決して出来なかったが、夫の羽織を脱がせるだけで妻は、夫が外で遊んできたかが分かる。着せ方、袂紐の結びなどで分かってしまう。それを殊更いわない、夫も自分はそのくらい

◆帯解けば竜のごとくにまきついて
縞の模様が大蛇に見える

の器量だということを暗に伝えている。着せる、脱がせる、手入れをするそういったことがなされる色艶があったのです。確かに言葉のやりとりは現代のほうが多い。けれど、帯や着物を通じたスキンシップや繫がりが仕組みとしてあったと、私は捉えているのです。」

男物の着物とは

男物の着物はいたってシンプルであり、襦袢、着物、帯の組合せとなる。この上に羽織や袴をつけるが、下着を含めてかなり自由に組合せがなされる。

現在の着物の原型は，平安末期の礼服の下着であった小袖が、鎌倉・室町期に入って武家階級勢力が増し政治の実権を握っていった時代背景から、やがて実用的な服装へと変っていき、室町末期にはその原型ができ上がったと言われている。そして、戦乱の安定した桃山時代には華やかな文化が醸成され、着物も表現性を増してゆく。この時代は繍ぬい箔はく、摺すり箔はく、絞りなど緻ち密みつな細工のものが多く、染織技術が飛躍的に進歩したことが小袖からもうかがえる。絞り染の中に筆で、主に花・鳥などを描き、ぱっと咲くように流行り、その後、こつ然と消えてしまった幻の染、「辻が花はな染ぞめ」が染められたのもこの時代である。衣服は、男子は前時代に生まれた肩かた衣ぎぬ袴ばかまが主流で、女子は打うち掛かけ姿すがた、腰こし巻まき姿すがた、庶民には名な護ご屋や帯おびが流行したと言われる。江戸時代の中期、元禄の頃には元禄文様《もんよう》とよばれる明るい色調で金糸が多く用いられた華やかな小袖などがつくられ、現在の着物とほとんど変らない形となった。

手を規準にした長さ。尺骨は背丈に比べてあまり差がない。

帯を締めるとき、手首の返しで一寸絞まる。

ちょっと（一寸）という言葉に含まれる人体寸法が加減の規準になっている。

着物を取り巻く現状

日常的に着ていた着物が無くなって久しい。1960年代までは外出先ではスーツでも、家に帰ると着物に着替えていた男性が、今や着物に袖を通す事は全くなくなった。価値観の多様化と言われ、個別化個人化している。今や父親という家族の場所さえなく、日本の着物を取巻く現状は崩壊的だと笹島氏は言う。「だから、足元原点に還るべきだと思う。日本人の一番基本にあった着物を着るということを通して、自分とは、己とは何かを見つけるこです。自分の身体を律して、魂をおさめてそうやって日本人は自分の力を発揮してきた。着物できちっとしなければ、弱い自分でしかない。女は女らしく、男は袴をつけ勇ましく自らを高めていった。着物とはそういうものです。」

着物には心身を拘束する規制性がありそのうえでどう動くのか、どう表現しど合わせるのかフレキシビリティのあり方が、西洋の合理性や分離の原理とは大きく異なる。

「帯を絞めるとか、身体の動き分と言っても全部一寸なんです。帯を締める時手首を返す、これだけ。これ以上だと窮屈左右だって違う。人にあわせて着せてゆくものですし、その自由さが着物にはあるのです。」

尺骨（手首から肘までの骨）は、ほとんどの人の寸法が変わらない。これを基準に尺が決められ、着物はもちろん日本の尺度は道具から建物まで人体寸法でできており、均等につくったものを個々人に合わせる原理で物事を見ていた。紐を…るにも手を広げた長さを規準にし、手が…い人は適度に広げておおよその尺度で…が了承していた身体と規準が分離して…ない緩やかな感覚は、今や数学的厳密…を良しとする日本が失ったものだろう。着物の着付けを追いながら、その心身への技術を見て行こう。

男着物の着付けと帯の結び方 ——貝の口結び

① 着物の縫い目は布目にあわせてあり、背の縫い目が脊椎にあっていれば、この垂直軸は動かない。襟元を頸椎の盛上りに合わせ、ここを基準点に左右の肩に自然に掛ける。布目は伸びないが、左右の布は肩の動きに合わせて伸びることで、崩れず身体の動きに追従することができる。

② 腰を規準に左右を合わせる。この時胸に布目をピタッと合わせ、腰のたるみは帯の下になるように引く事が重要。

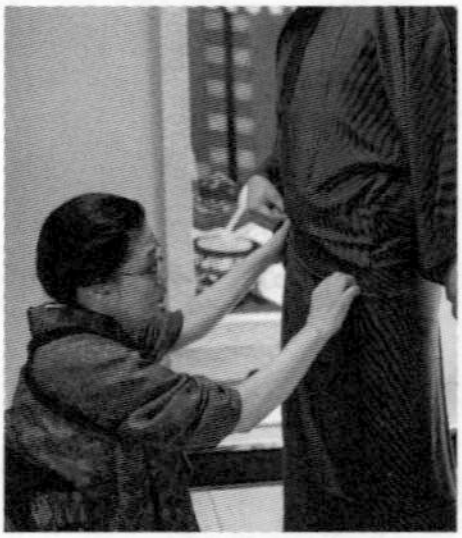

③ 腰紐で押さえる。結びをつくると帯が綺麗に絞まらない。一重に結んだら、左右に巻きながら結び目をつくらずに固定する。これによって、帯の締まりが身体に均等にかかってゆく。

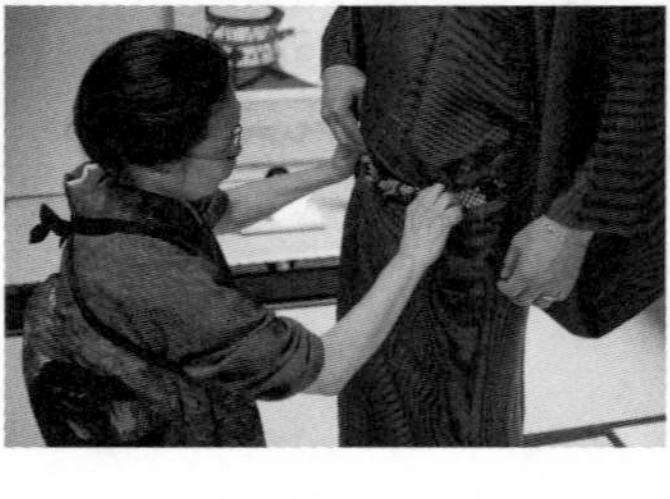

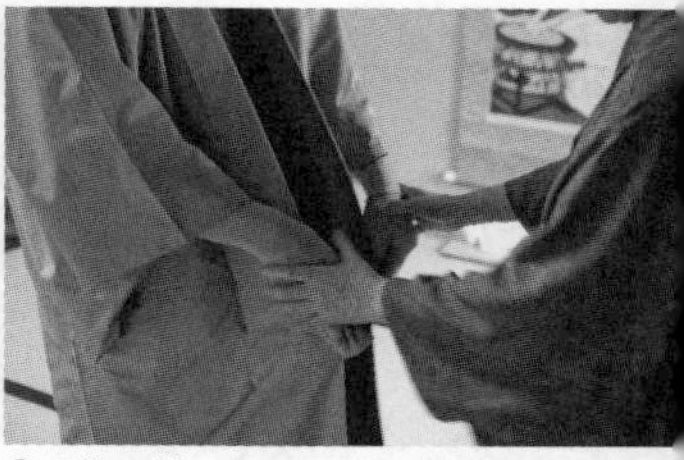

④ 同様に着物をかけ、腰骨の高さで腰にピッタリくる位置で左右を真っ直ぐ引きながら合わせる。

⑤ 右を左の腰骨に巻くように押さえ、位置を決める。

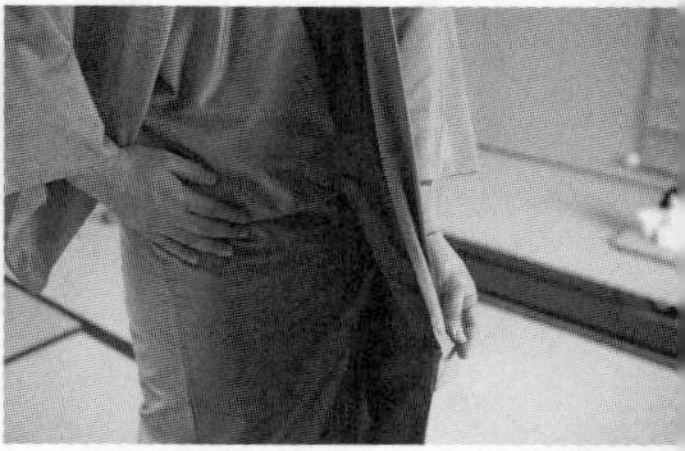

⑥ 右を左の腰骨に巻くように押さえ、位置を決める。

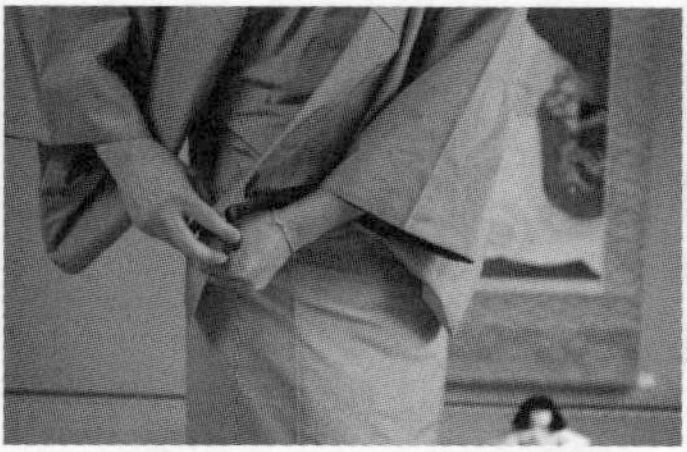

⑦ 左肘で押さえたまま左を巻き、右手で受け取り位置を決める。これによって襟周りから上半身に布目が綺麗に収まる。

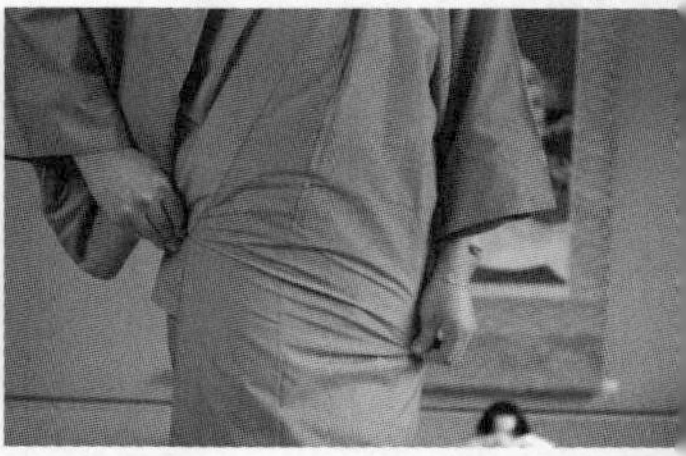

⑧ 腰上の溜まりを帯の下へ引き、身体にぴったりと沿わせる。これによって襟周りから上半身に布目が綺麗に収まる。着物は肌、スキンであると笹島氏は言う。生地には布目があり、それを骨格に対して適正な角度へとおさえていく。布目とは、垂直に通った縦糸とそこに交差する横糸が作る方向性のことで、着物は縦糸が垂直になるように作られている。この布目を身体に沿って合わせてゆく。布目はバイアス方向に伸び、約一寸（30.3mm）の伸縮がある。これが身体の動きの遊びしろになる。

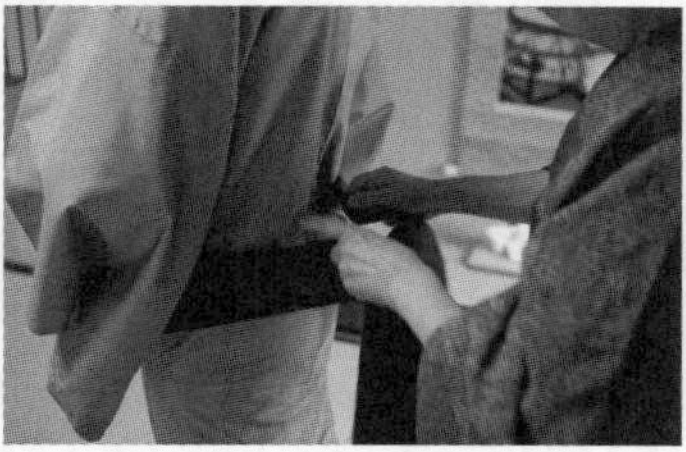

⑨ 下腹から腰骨へと帯をまわす。

⑩ この時の角度が重要。腹の下から腰の上まで後ろに向かって斜めに上がるように帯を巻く。

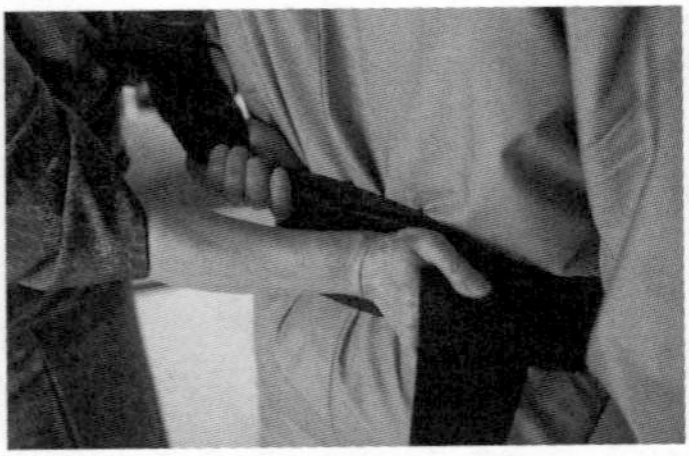

⑪ 二重にして一度絞める。

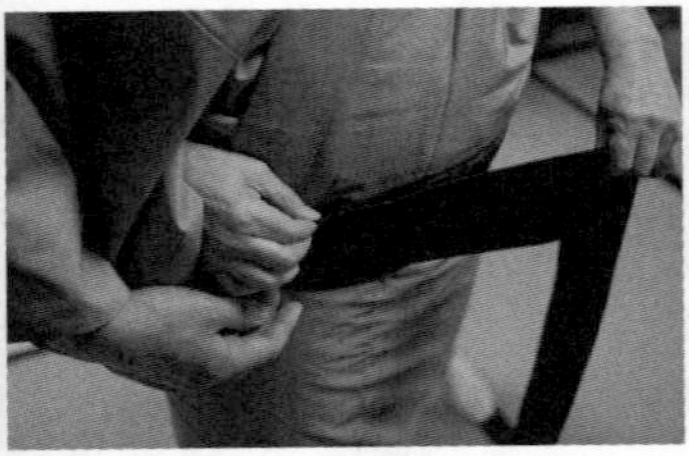

⑫ もう一巡させる。この時、帯が緩まずにきちんと同じ幅で重なっている。

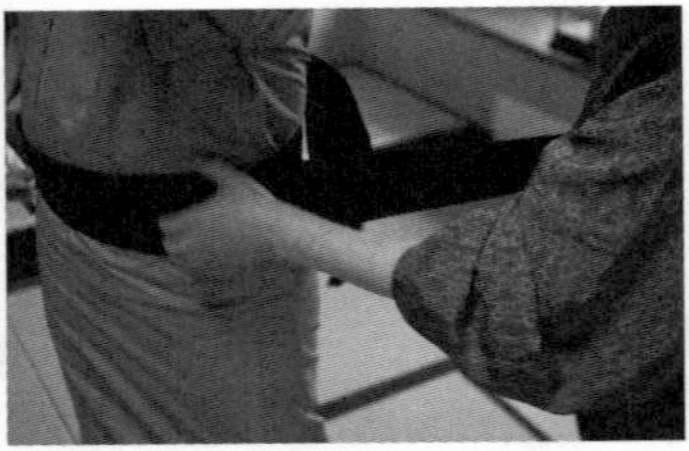

⑬ 後ろ側面から帯を整えて巻く。

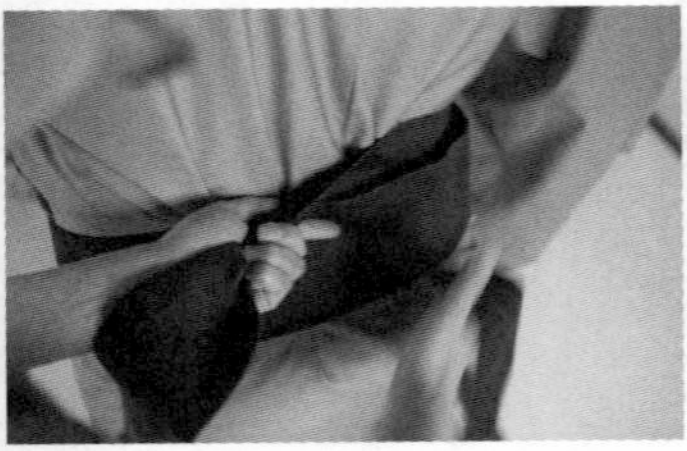

⑭ 帯の長さを見て、結びの位置を決める。

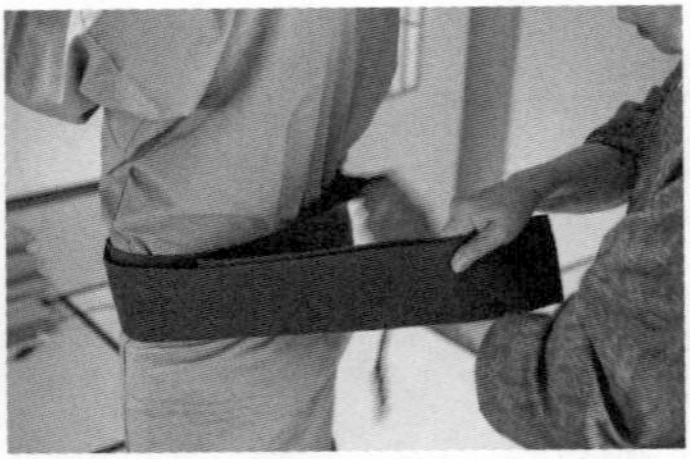

⑮ 巻いてきた帯を折り込み、ゆるみを取って調子を決める。

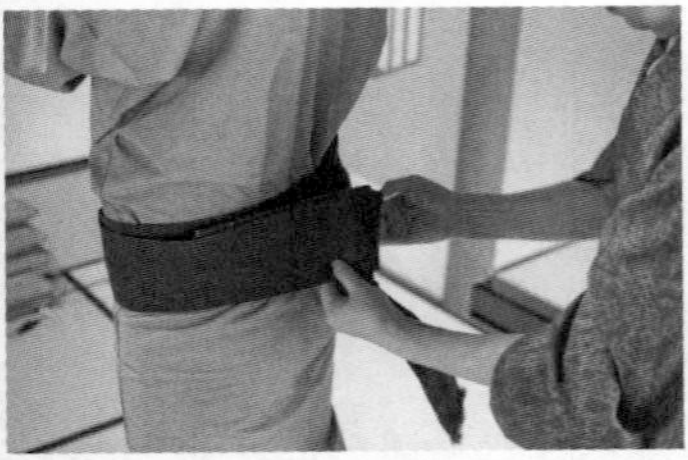

⑯ 折り込んだ袋と、引き出しておいた先を合わせて結びの位置を決める。

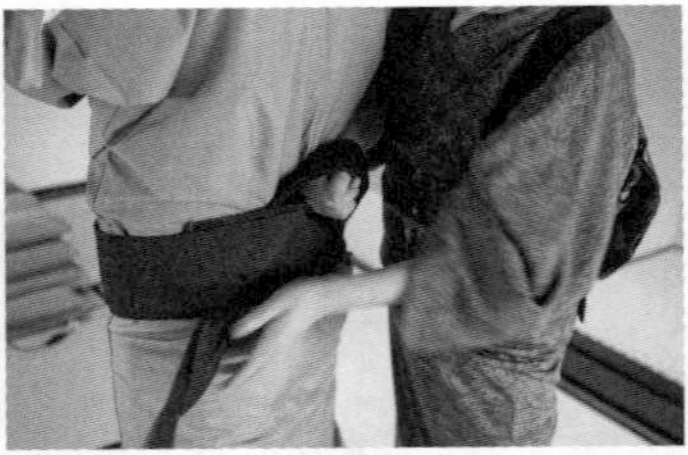

⑰ 帯を通しながら結びを決めてゆく。

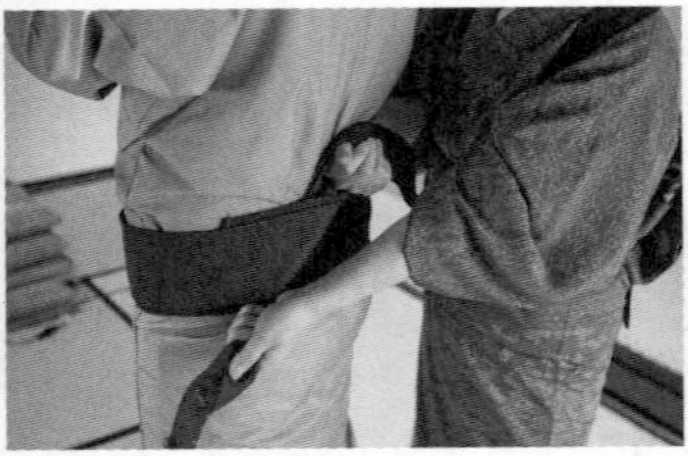

⑱ 滑らせるように結ぶ。角度が重要。

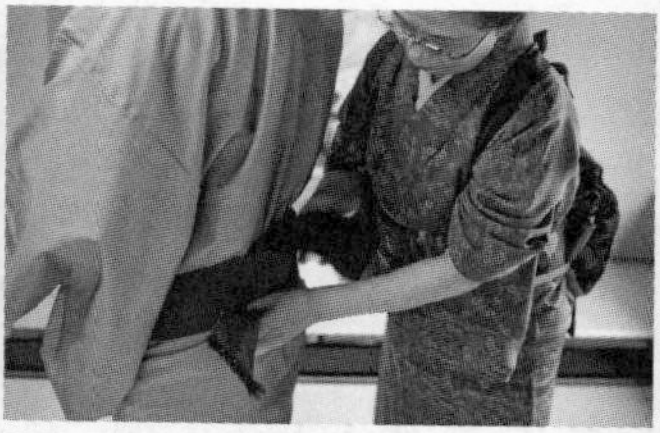

⑲ 男性の場合、帯は腰骨の位置できっちりと絞めてゆくことで、着崩れず、かつ、姿勢と心を規制してゆく。残りの長さと角度、絞め具合を一致させるよう調子を見て絞めるのが、重要なポイント。

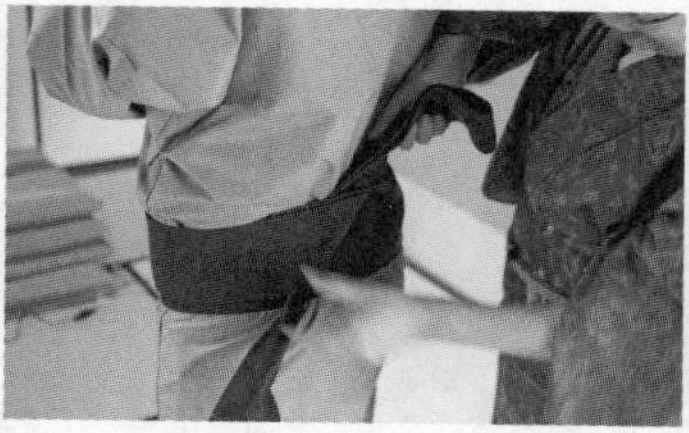

⑳ 右肘をあげるように、角度をつけて絞める。

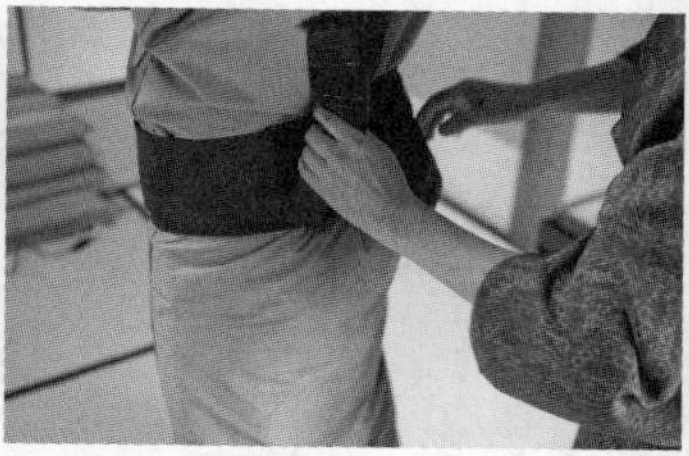

㉑ 出しておいた先を縦半分に折り、戻し絞めた帯の輪を潜らせて引っ張る。

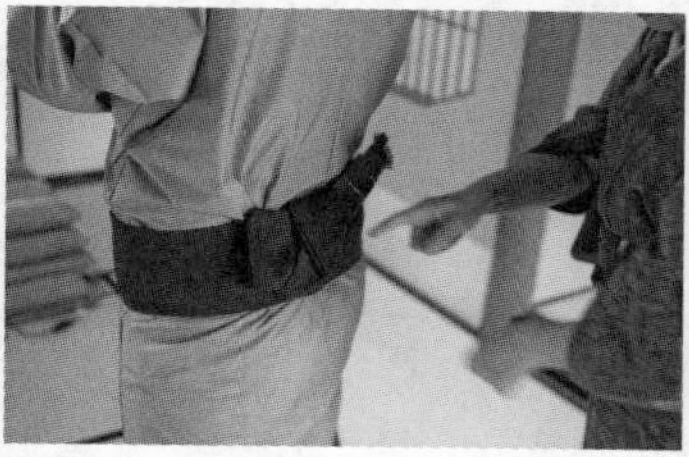

㉒ 整えながら、完成。

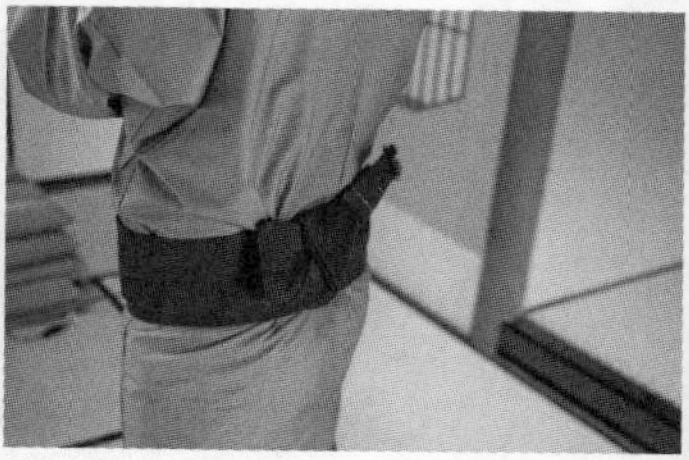

㉓ 代表的な結び、貝の口。角度、かたち、絞め加減を同時に決めるので、難易度は高い。

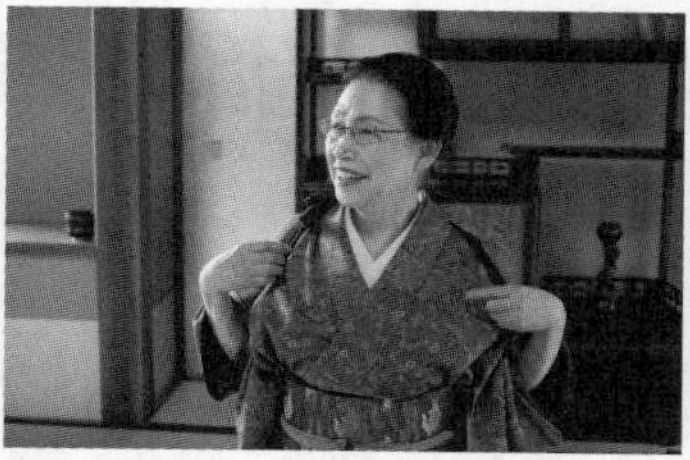

襟がきちんと決まっていれば、布に緩みもなく気崩れる事もない。左右の肩は布の伸びで十分に開放的になっている。

㉔ 着付けを終え、帯で絞められた感覚は自己の意識が解放されたような気持ちよさを感じる。実際、上半身は自由で楽である。男性は臍下丹田に帯を締めることによって自然と背筋が伸び、下腹が張られて、「腰が入る」という状態を感じる。英語圏ではこの「腰」に相当する単語がなく、日常的に使われるウエストではないので日本の感覚で言う場合には「KOSHI」と言われたりする。この腰を入れるという感覚は日本独自のものであり、日本の武術など身体性全般にも通じる感覚である。新陰流の前田英樹氏も釣り腰、腰を落とすなど動きの重さや力、速さを決める体術の基盤として語っている。

非分離の着物の述語表現

着付けの基礎は身体であり、骨格であると笹島氏は話す。それに沿って着付けたものは崩れず、気持ちのいいものであって、いわゆる晴れ着の窮屈さは微塵もない。そして、今度は着付けた着物に従って身体の使い方や表現性が現れてくる。真っ直ぐに座る、その時の腕の位置は自然と前にくる。また、襟元を緩める、裾を絡げて襦袢を見せる事で男性的な活力や無頼な迫力が出される。帯の結び、柄、または着崩しなどで、身分や立場、時には感情をも表現してゆく。

また、着物は袂や裾が開放的に外気を含み、適度な温度の調整をおこなうと同時に物を入れたり、たくし上げて走ったりと、機能や表現が非分離の関係をもっており、西洋の衣服と機能と装飾、肉体と外界を分離してゆくものとは明らかに異なっている。つまり、心身が外界、社会、自己、または譲り受ける事も含めて非分離の関係性を述語的に構築できるような仕組みそのものになっている。

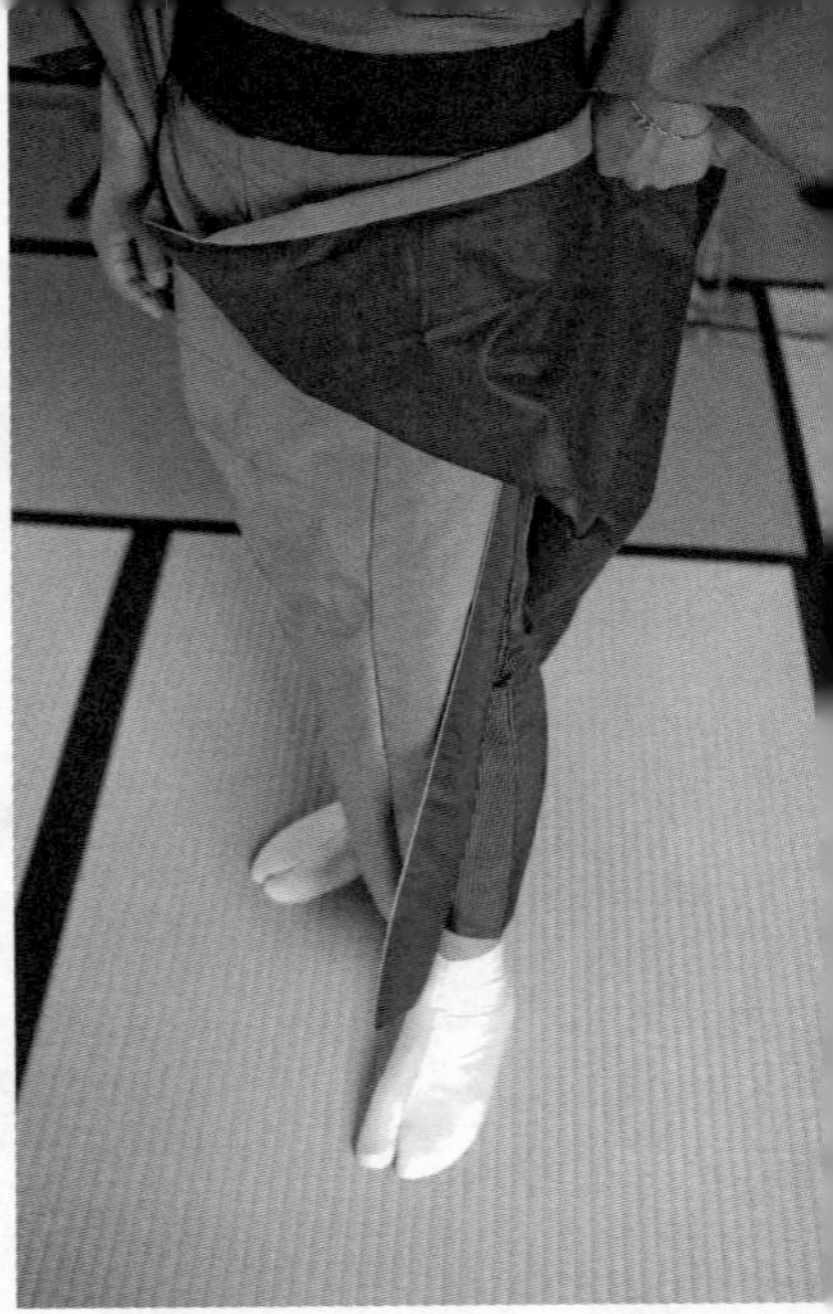

押しを効かせたり、階段を昇る時などにちょっと見せる事で、男性の性的なアピールをしていた。

文化技術としての着物

日本の文化は使われる中でしか伝承されない、その文化がもうほとんど失われようとしていた時機に、自分がやるものだと決意し、残されたものを一つひとつ見聞きして歩いたと笹島氏は語った。着付けという本来裏方にあった場所に、光を当てたのが海外での反応だった。以来、着物を着るというそのものに文化的、技術的な世界があった事をひたむきに追いかけている。着物は非常にシンプルな構造の中に、多彩で述語的な表出性とを持っており、そこに多様な技術や社会的な接触や表象性が多重に折り込まれた、使うものの自己技術が働く「もの」である。同時に布地や染め刺繍といった工芸的洗練の視点から見れば、つくられる土地の記憶や風土によってまったく異なる場所性を現代にまで残している。

初出：『季刊 iichiko』no.145、2020年1月

付録：男帯の結び方（笹島寿美『男のキモノ』より抜粋）

片ばさみ

片ばさみは、武士が袴をつけない着流し姿の時に結んだ。

1

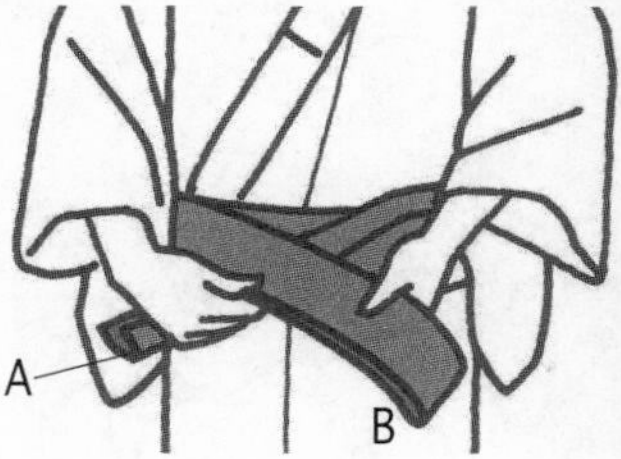

二重にしたたれ帯Bを上に交差してAが下になるように。

2

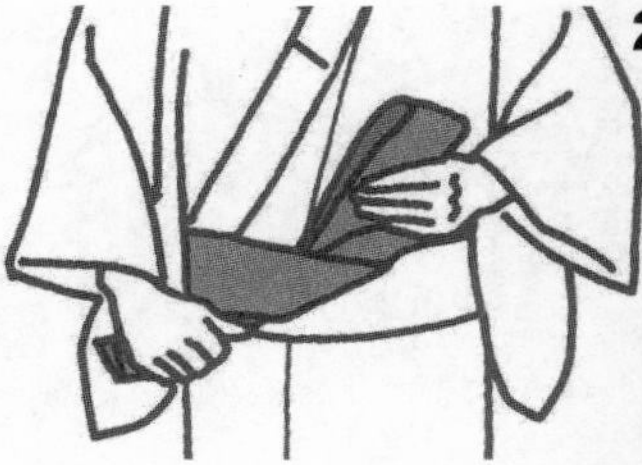

二重になっているたれ帯BをAの下を通して上に引き出して結び締める。

3

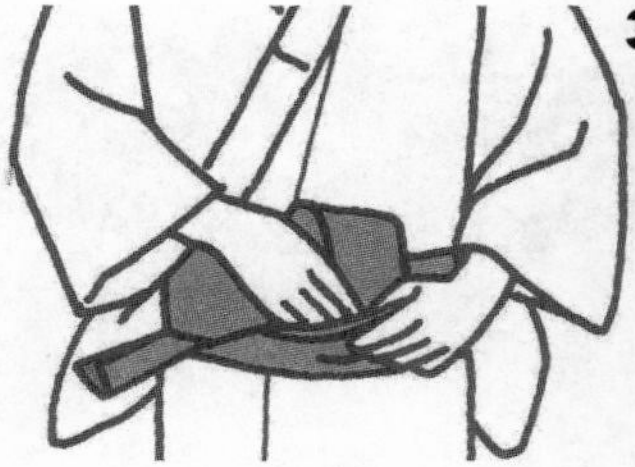

よく締めてから、たれ帯Bの先を持ち、もう一方の手で胴帯全部(二枚)を開き、上から通す。

4

たれ帯Bを下に引き抜いて形はできあがる。

5

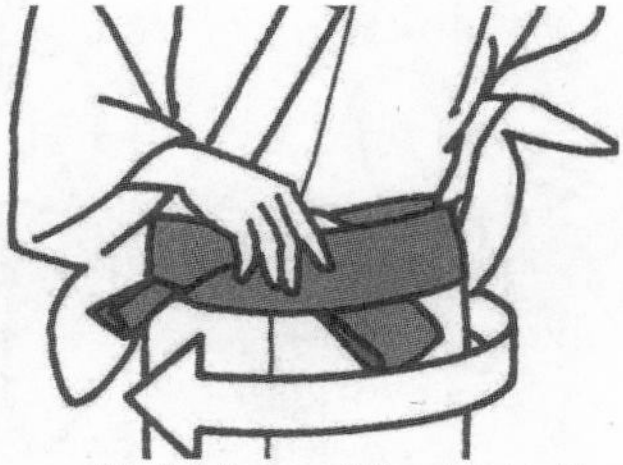

帯全体を持って、着物の合わせに沿って後ろへ回す。

6

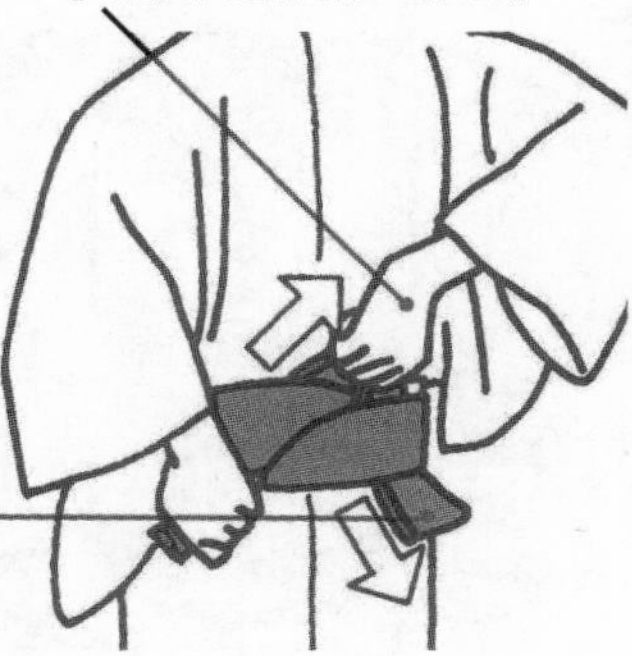
①て先の帯と上部を持って締める。
②輪になっている帯を静かに下に引き、整える。

図のようにして帯を持ち、①②の順にゆるみを締め直す。

神田結び

神田結びは職人結びと言われる。どのように動いても長時間解けない。袴下の結びにも使われる。

1

帯端から20cmをて先としたAを体の中心で合わせ、手先の帯と同じ長さをBとする。

2

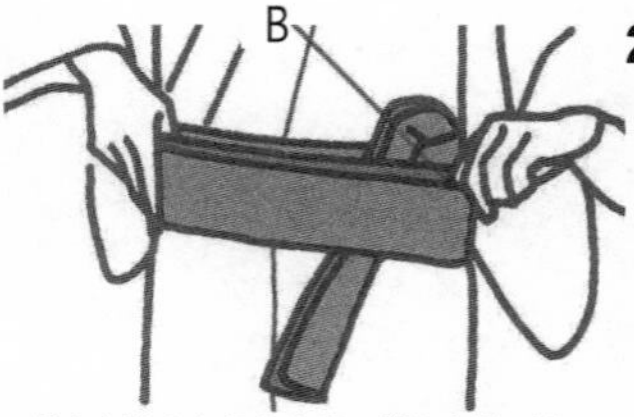

長さを決めたBから長い帯を内側に折り返して、体にそわせて入れ込む。

3

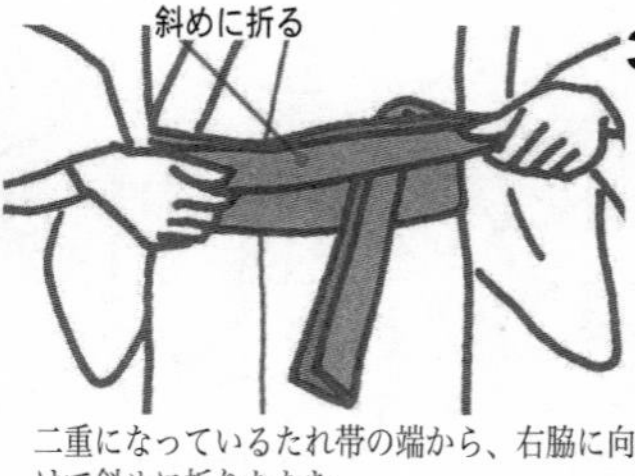

二重になっているたれ帯の端から、右脇に向けて斜めに折りたたむ。

4

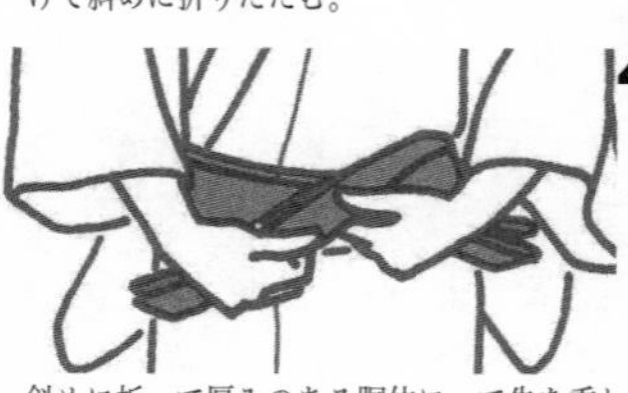

斜めに折って厚みのある胴体に、て先を重ねて交差する。

5

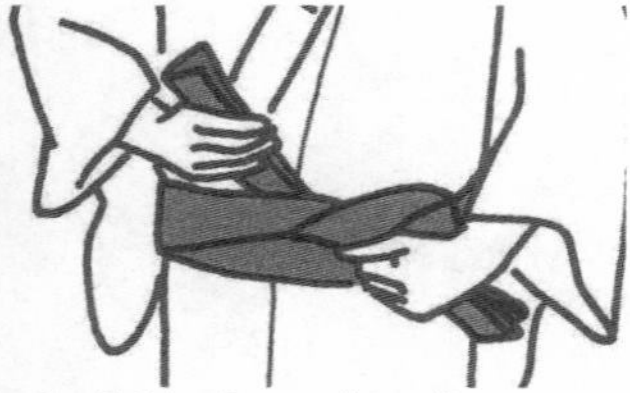

て先の帯が上になって、結んで締める。

6

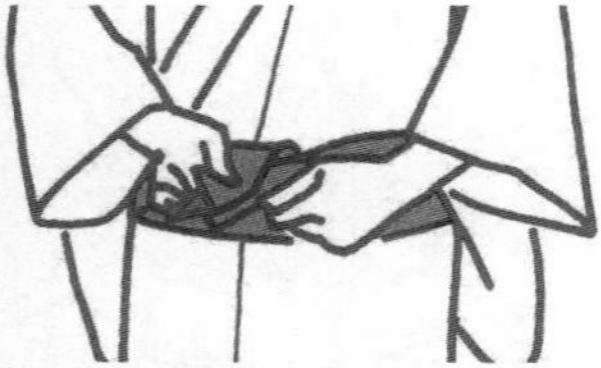

下部の厚みのあるたれの帯を、くの字に折り上げ、上部にあるて先帯を上から包むようにして結ぶ。

7

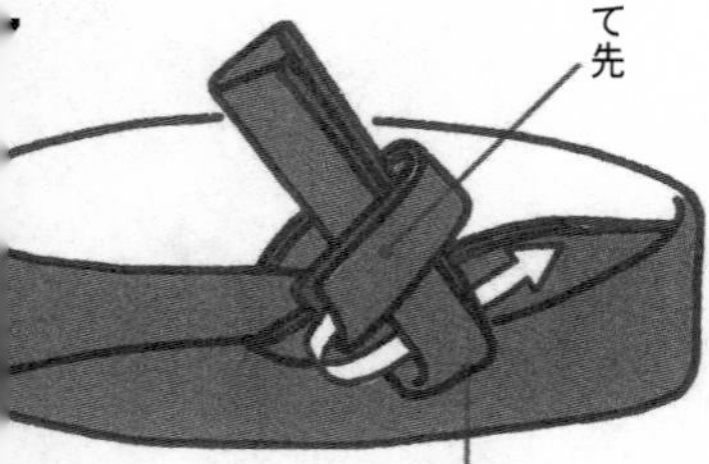

荷造りや風呂敷などと同じように結ぶ。

8

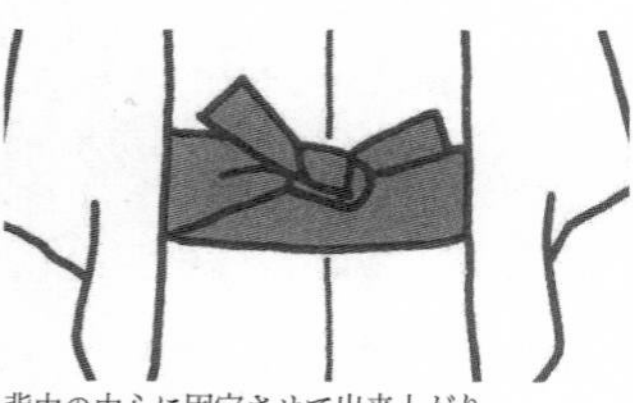

背中の中心に固定させて出来上がり。

一文字結び

一文字結びは男女ともに結ぶ。
男の場合は主に袴下に結ぶ。従って仕上がりの形は簡単な方法でなす。

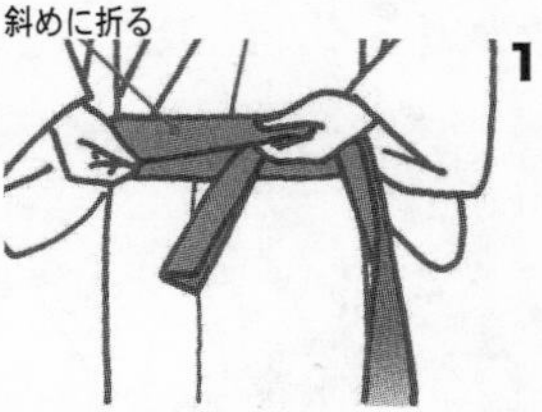

たれの帯幅を脇から中心に向けて、斜めに折りたたむ。

斜めに折ったたれの帯に、て先を交差。

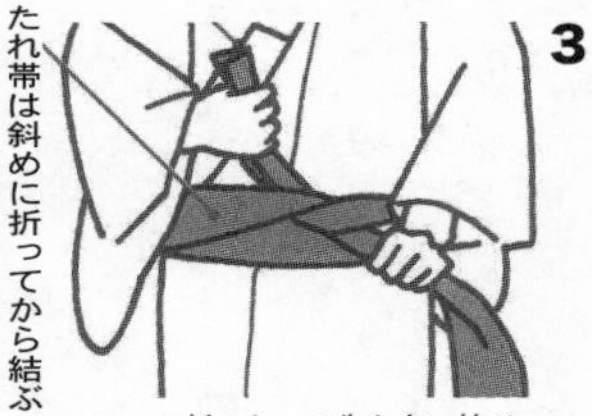

二つに折った、て先を上に結ぶ。

しっかり締めてから、て先を中心に戻す。

浪人結び

浪人結びは、名優長谷川一夫が、時代劇で結んだのが最初。前半は貝の口、後半は片ばさみと二つの結び方を併用する。

て先は下、二重のたれ帯を上に結ぶ貝の口結びと同じ方法で行う。

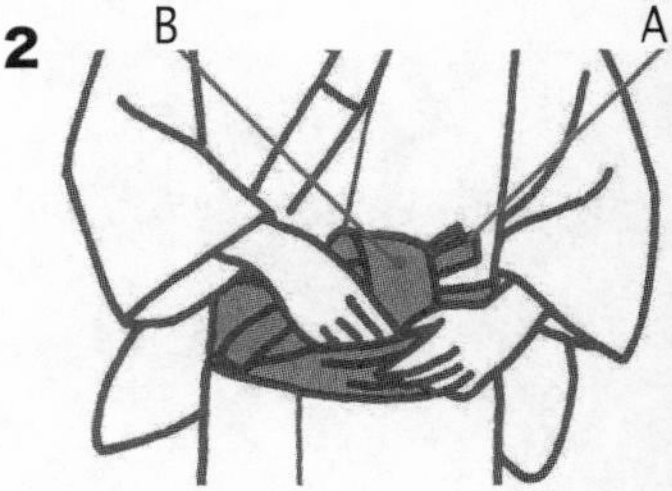

A：て先の帯を斜め上にあげる（貝の口結びと同じ）
B：片ばさみ結びと同じ方法で二重の帯を胴帯の上から下に通す。

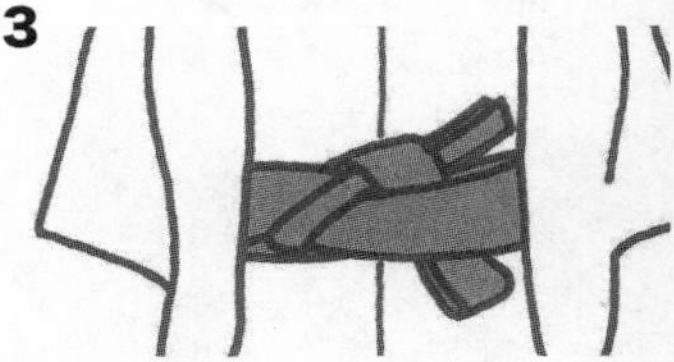

緩みの締め直しは片ばさみと同じ。

5

長いたれ帯を、結び目もとで、シワを伸ばして開く。

6

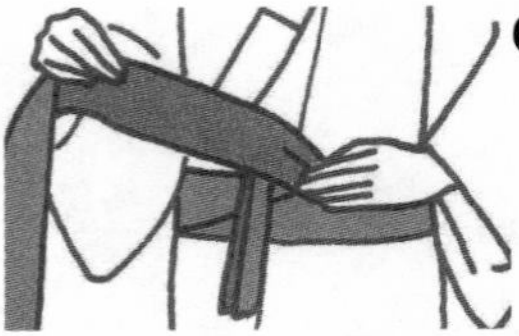

たれ帯を、結び目のもとから反対側にむける。

7

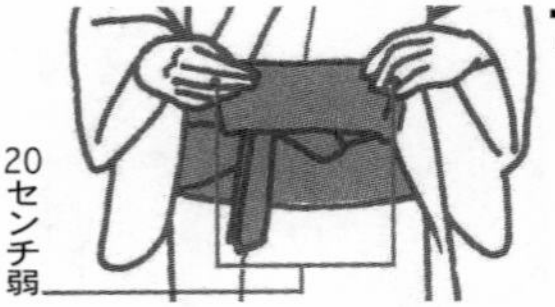
20センチ弱

たれ帯を横に渡し、約２０cm弱の幅に決める。

8

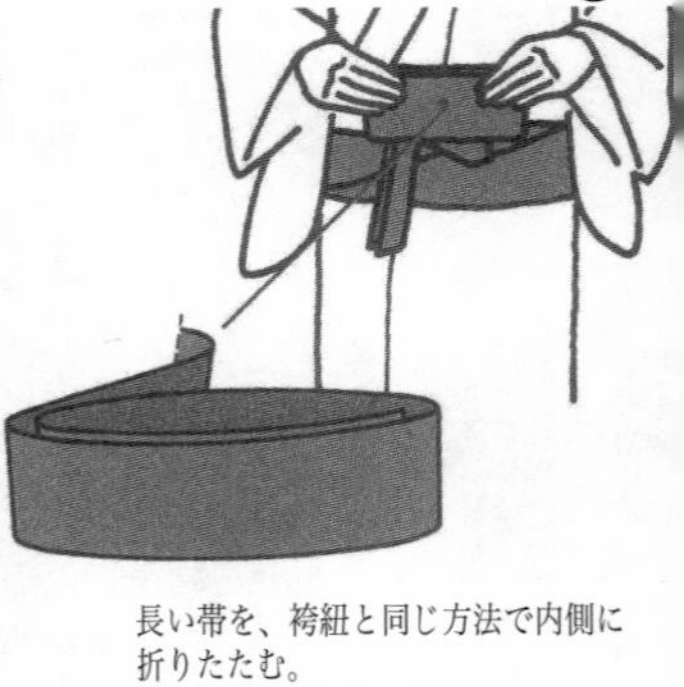

長い帯を、袴紐と同じ方法で内側に折りたたむ。

9

折りたたんだ帯の幅を中心で山をつくり、て先帯とで今一度締め合う。

10

上部のて先帯を下げ、蝶ネクタイを結ぶのと同じようにして結ぶ。

11

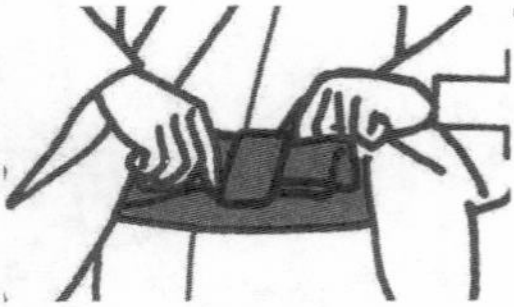

て先帯端を引き出して結ぶ。結びは蝶ネクタイや紐を結ぶ要領で行う。

12

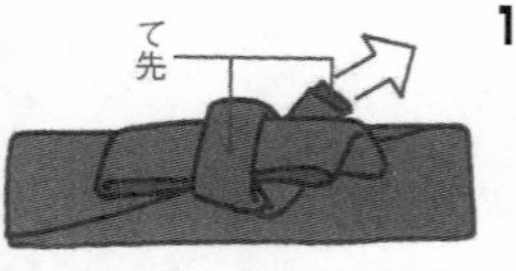
て先

帯には厚みがあるので斜め上に出る。そのて先帯を下におろして締める。

13

上に出たて先を羽の下に下げて締め、胴帯の中に入れる

結んで残った、て先帯を胴帯の中に押し入れて固定する。

割りばさみ

割りばさみを結ぶためには体型にあった長さの帯が理想的な形ができる。
一般的な長さでは体型により厳しい点がある。

（一）

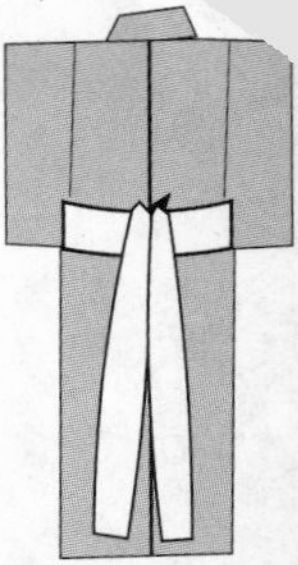

1 左右の長さが同じにするため仮に巻いて手先となる長さを決めてから、次に本番として三巻して中心で一結びする。

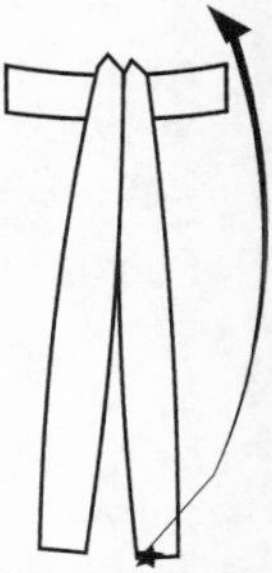

2 左右どちらでも良い。片方の先端（☆印）を胴体帯の上に向けて折り上げて形となる長さを決める。

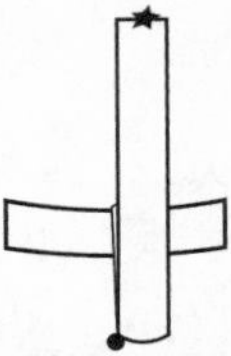

3 胴体帯下で好みの長さ（帯幅や長さにもよるが帯幅の2倍が標準）に決めて二つ折りして上に帯端を上げる。下の丸印は二つおりで輪になっている。

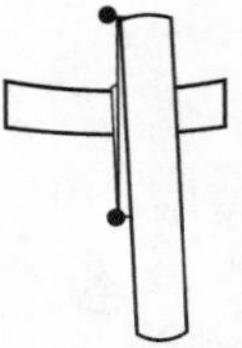

4 二つ折りから再度上から下に折り下げて最初の丸印に重ねると上は輪になる。胴帯上の形となる長さは下と同じくらいにする。

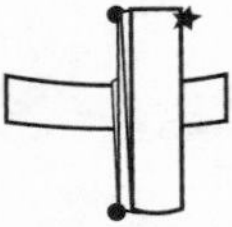

5 もう一度帯の端（☆印）を上に上げて長さを揃える。

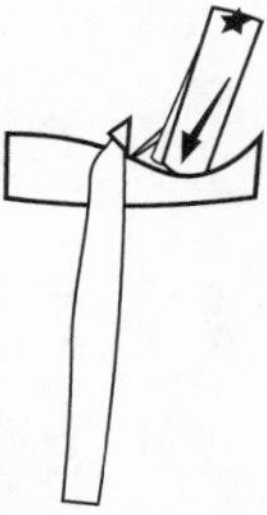

6 重ねて折りたたんだ帯全部の下部分を持って胴体の帯上から着物と帯の間に差し込んで通す。

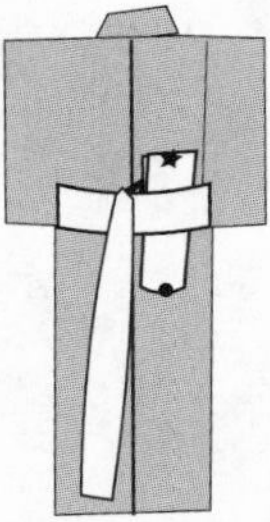

7 胴帯下に通してバランスを見て決める。上部分の帯は☆印が上にあること。

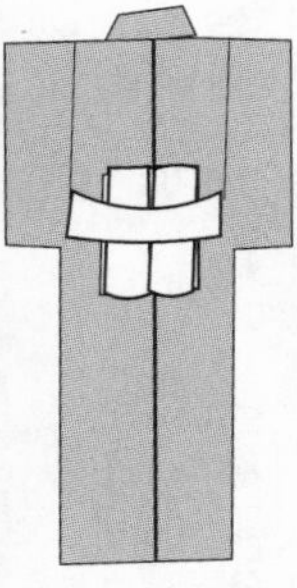

8 もう一方の帯も同じようにする。
帯端（星印）が胴体帯の上で表側で重なって仕上がっている。

（二）

形が表面的には変わらないが帯の長さが不足の時の方法で（一より）簡単。

3 胴体帯上で好みの長さ（帯幅や長さにもよる）に決めて二つ折りになる。下の丸印は二つおりで輪になっている。

4 二つ折りから再度下から上に折り上げて最初の☆印に重ねると下は二重輪になる。胴帯下の長さは上と同じくらいにする。

5 二重輪になっている胴帯下の帯を全部持って胴帯の上から着物と帯の間に差し込んで入れる。

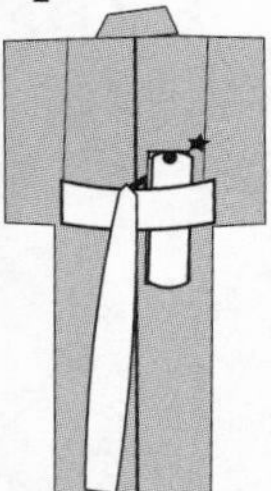

6 ☆印と輪●が重なって仕上がる。

（本書用に著者が描いてくださいました）

笹島寿美のきもの詩

◉黒ちりめん木の葉の並ぶ小紋柄　無地の帯でも合わせましょうか
◉解く帯の結びシワよりしのばれる　機を織る師の技の凄さよ
◉長き帯解いて秘かに風さそう　たもとの奥の中に入りくる
◉急（せ）くほどに思いかなわぬ結びかな　長き帯ゆえままならずして
◉ボロ着ても帯は錦と伝え聞く　難儀に勝てと教えることか
◉着上がりて合わせ鏡で姿見る　後ろの顔は帯にあらわれ
◉なで肩のか細き背なに結ぶ帯　こころの熱さ伝えていたり
◉白き髪ショートカットできもの着る　太鼓結びの姿うるわし
◉我ひとり鏡に向かいてきもの着る　襦袢の色に想いしのばせ
◉還暦のきものは墨絵のぼたん花　父が選びし二十歳の晴れ着
◉人生の喜怒哀楽に涙する　晴れ着を着ても喪服を着ても
◉大柄の花いっぱいの長羽織　大正ロマンに夢二をしのぶ
◉雨ふれば汚すまいとて着るきもの　洗える素材うまく着こなす
◉たんす中ながく触れないきものあり　着る日を決めて思い膨らむ
◉唐桟でそぞろ歩きの新内語り　心酔わせる鶯の声
◉藍染めの着物に白の衿映える　学生色彩面影のこす

◉柔らかく重みある生地縮緬の　着物を着れば所作は優雅に
◉あかね雲うけて彩る紗のきもの　細き姿の涼しく歩む
◉パーティのきものと帯の色合わす　眠れぬ夜のいよいよ冴えて
◉京友禅合わせる裾の裏地より　染めし人の名落款見えて
◉厄よけの鱗模様の長襦袢　恋する人は赤を選んで
◉きもの柄裏を表につくり変え　陰翳ありて我を引きつけ
◉野の花はきものの中で咲き乱れ　季節外れの模様を問わず
◉階段を上り行く人足袋白く　きものの裾のさばき軽やか
◉白足袋をかすかに見せてきもの着る　裾長ければ優雅に見えて
◉新しく足袋履き替えて迷いなし　講話の準備姿勢を正す
◉青空のもとで行き交うきもの人　しだれ桜の模様は胸に
◉きもの美は立ち居ふるまう所作にあり　直線曲線斜め線
◉ピアノ弾く指の動きに揺れる袖　ヴェートーベンの曲はながれて
◉洋服はブランドものでおしゃれする　和服になれば古風な茶人
◉腰紐の位置を良くして着付けする　裾のさばきも軽やかになり
◉美しく光る絹糸黄八丈　機織りし人天に召されて
◉洗い張り仕立て直してよみがえる　絹の光沢以前のままに

◉色足袋をはけば楽しくなりてくる　ふっくらほっこりメルヘン世界
◉裾みだれ髪もみだれる追い風や　ショールで覆う白き衿あし
◉帯揚げは胸もと飾るものなれば　顔に映りの良い色えらぶ
◉半衿をつけ置きあれば気楽なり　衿もと決まりて余裕の外出
◉何事も段取りありて結果あり　着付けに使う小物そろえて
◉友の干支うさぎ模様の帯締める　訪ねる人は恍惚の人
◉草履はく鼻緒にのぞく指先の　足袋の白さに粋を感じる
◉歌舞にみる喜怒哀楽の所作事は　裾のさばきと長い袂に
◉しっとりと汗ばむ下着ぬぎたれば　腰紐のあとかすかにのこる
◉無地織りは一心不乱の技なりと　無ということの厳しさを知る
◉酷暑には気合いを入れて着付けする　傍目に映る涼しげな顔
◉習いたる着付けで初の外出日　不安でもあり嬉しくもあり
◉あちこちに汚れの付いた古い帯　糸巻き模様の糸もほつれて
◉芸の冴えない姿見る　衣装だけが目立っていたり
◉装いは帯締め色で仕上げする　きものと帯の華を守って
◉外出の準備にいだしきもの帯　光を受けて絹の色冴え
◉七五三孫に晴れ着を着付けする　時のながれをつくづく思う

あとがき

一般的な常識もなくきもの道一筋を五十数年歩み続けてきました。八十路に入り一年が過ぎた頃、そろそろ私自身が地球上での住民資格が切れているのではないか、それは運転免許書のように・・・と思ったのです。

そこであれこれ考えた結果、行き先を見つけました。名を宇宙ランドと名付け、そこでは住民票は無用、規則も束縛もない完全フリーで、天国への最短距離のところです。必要なのは私自身の心、精神証明書だけです。

移動してみると一番の問題は自由であることの厳しさ。しかし自分にあった規約さえ成立すればそれなりに気楽で楽しい。

そんな生活の中、山本哲士先生から出版のお話を頂きました。以前から望んでいた日本のきもの文化に関する内容のことです。山本先生にはY氏に紹介されてお会いしました。先生は哲学者です。初対面で私は恐れ多くも先生のお体に帯を巻かせていただきました。

それから十数年が経ちましたが、その間、先生は何度か私のきもの論を聞いてくださいました。先生は学者として着物や帯文化を日本文化として真剣に受け止めてくださいました。

きものの業界はじめ人々は、日本の文化と言いながら言葉の船に乗っているだけだったように思います。この本によって着物論が後世に少しでもお役に立つことを私は信じています。山本先生への感謝は計り知れません。

本当にありがとうございました。

令和五年七月　　笹島寿美

笹島寿美（ささじま すみ）Sumi Sasajima

着装コーディネーター、帯文化研究。

本名、笹島壽美子。昭和 12 年 7 月 1 日生まれ。福島県出身。(株)松竹衣装で歌舞伎や日本舞踊の着付け、(株)東京衣装でレビューなどの着付けを習得。体を保護する着付け、心和む着装方を研究し、紐一本で着る自然で楽な骨格着付けを提唱。48 歳から仕事を離れ、主にニューヨークで生活。平成 5 年に帰国し個性に合う着物と帯のコーディネートや着付けの在り方を再度研究、指導する。帯文化発展のために結びを主役にした帯人形を考案し、日本各地、海外で個展を開く。

2008 年～ 2019 年早稲田大学できもの学きを講義。きもの道五十数年。笹島式骨格着付け伝道者の会主宰。各地で着付け教室を開催している。現在はリモートで講演、指導。

著書『紐一本で着る新しい着付けと帯結び』(講談社)など、着付けやきもの全般に関する本を多数出版。他の著書に『はじめての着つけと帯結び ひとりでも着られる』(ナツメ社)、『キモノを着こなすコツ 153 の質問に答える』(成美堂出版)、『帯のはなし 結びのはなし きもの口伝』『かた結び』『決定版 男のきもの入門』(世界文化社)『きもの・帯組み合わせ事典』(神無書房）などがある。

感動の心象幻画集、同時刊行。
本書収録の心象幻画をできる限り大きく鮮明に、未収録含め全 800 点掲載。B5 版の上製本。336 頁。
直販 https://bookehesc.base.shop

知の新書 J05　　(Act2: 発売 読書人)

笹島寿美
帯・着物を愛でる母と呼ばれて
——日本人のためのきもの精神文化

発行日　2023 年 7 月 11 日　初版一刷発行
発行　㈱文化科学高等研究院出版局
東京都港区高輪 4-10-31　品川 PR-530 号
郵便番号　108-0074
TEL 03-3580-7784　　FAX 050-3383-4106
ホームページ　https://www.ehescjapan.com
https://www.ehescbook.store

発売　読書人

印刷・製本　　中央精版印刷

ISBN　978-4-924671-75-1
C0076

Ecole des Hautes Etudes en Sciences Culturelles(EHESC)